KB115161

흥미로운
형사사건 이야기

흥미로운 형사사건 이야기

초판 1쇄 인쇄 2024년 5월 27일
초판 1쇄 발행 2024년 6월 3일

지은이 추헌재
펴낸이 이종두
펴낸곳 (주)새로운 제안

책임편집 엄진영
디자인 보통스튜디오
영업 문성빈, 김남권, 조용훈
경영지원 이정민, 김효선

주소 경기도 부천시 조마루로385번길 122 삼보테크노타워 2002호
홈페이지 www.jean.co.kr
쇼핑몰 www.baek2.kr(백두도서쇼핑몰)
SNS 인스타그램(@newjeanbook), 페이스북(@srwjean)
이메일 newjeanbook@naver.com
전화 032) 719-8041
팩스 032) 719-8042
등록 2005년 12월 22일 제386-3010000251002005000320호

ISBN 978-89-5533-655-9 03360

법을 알면 범죄가 보인다

흥미로운 형사사건 이야기

추헌재 저

새로운제안

시계가 어떻게 작동하는지 내부가 궁금해 본 적이 있는가? 그러면 꼬리에 꼬리를 무는 범죄 사건이 법이라는 시스템에 의해 어떻게 처리되는지 궁금하진 않은가?

사실 대부분의 범죄 사건을 소개하는 TV 프로그램은 그 범죄 소개에서 바로 결론으로 비약된다. 가장 큰 이유는 아마도 법은 어렵고 이를 쉽게 설명하는 것은 더 어렵기 때문일 것이다. 그렇기 때문에 그동안 법을 제대로 쉽게 소개하는 책이 부족하였다고 생각된다. 그러나 범죄도시, 범죄시대에 살고 있는 우리에게 범죄 상식의 필요성도 분명하기에 필자는 과감하게 이에 도전장을 내밀었다.

이 책을 쓰면서 필자가 생각한 키워드는 두 가지이다. 바로 '재미있게', '쉽게'이다.

먼저 재밌다는 것은 알쏭달쏭하고 헷갈리는 사건들만을 추려 소개하기 위해 노력했음을 의미한다. 이를 다르게 말하면 이런 비상식적인 사건들을 이해할 수 있게 되면 나머지는 상식적으로 얼마든지 판단할 수 있으니 결국 범죄를 전반적으로 이해할 수 있는 힘을 가지게 된다는 의미이다.

그런데 아무리 재미있어도 너무 어려우면 그건 의미가 없다. 깊이 있고 정확하지만 대신에 보통 사람들이 이해하기에 도대체 무슨 말인지 알 수 없는 책들은 이미 시중에 많다. 그렇기 때문에 필자는 비유컨대 번역을 넘어 마치 의역하듯 약간의 정확성을 희생해서라도 법 지식을 쉽게 전달할 수 있게 하는 데 중점을 두었다. 이를 위해 ① 최대한 법률용어의 사용을 자제하였고, ② 꼭 필요하거나 독자들이 알았으면 하는 법률용어에는 설명을 덧붙였으며, ③ 아주 어렵진 않은 단어라도 최대한 일상생활에서 자주 쓰이는 친숙한 단어로 교체하였다.

이 책은 순서대로 읽을 필요가 없다. 이를 위해 더 관심이 가는 사건부터 원하는 대로 볼 수 있도록 각 글들을 최대한 완결성 있게 작성하였다.

각 부와 각 장의 표지글에서는 소개하고자 하는 내용을 전반적으로 파악할 수 있게 하였다.

「사건의 Zip」을 통해 흥미로운 사건을 보며 범죄 상식을 자연스럽게 알 수 있게 하였다.

「너머 Law」는 좀 더 깊이 있고 종합적인 지식을 제공한다.

「필자의 Comment」는 이러한 지식의 실생활에서의 든든한 Tip이 될 것이다.

나는 범죄와 거리가 먼 사람이라고 흔히 생각하겠지만 요즘은 특히 사기죄, 성범죄, 명예훼손죄, 교통사고와 관련된 범죄 등에서 누구나 피해자·가해자가 될 수 있다. 필자의 노력이 취준생, 수험생 등 단순히 지식을 원하는 분들에서부터 억울하게 범죄에 연루된 분들에게까지 조금이나마 도움이 되었으면 한다.

지식을 갈망하고 탐구하는 모든 분들의 건투를 빈다!

마지막으로 이 책이 나올 수 있도록 도움을 주신 새로운 제안 출판사의 모든 관계자 여러분께 감사의 인사를 드린다.

변호사 추헌재

유사 상황, 다른 결말!
유·무죄를 가른 결정적 차이는?

다른 사람이 개입되면
없던 범죄도 생겨난다

법이 생각하는 상식과 우리가 생각하는 상식의 갭 차이

이 죄일까, 저 죄일까? 셀프 고소할 때 실수하기 쉬운 범죄들

쉽게 엮일 수 있는 최신 트렌드 범죄들

돈 욕심은 언제나 큰 화를 부른다

내 권리 내가 행사하겠다는데 법이 무슨 상관이야

유사 상황, 다른 결말! 유·무죄를 가른 결정적 차이는?

취업이 되려면 서류심사, 필기시험, 면접의 과정을 거치면서 자격요건이 모두 갖추어졌다고 판단되어야 하고 중간에 탈락하면 이후 시험은 보지도 못하는 것처럼, 범죄의 경우에도 범죄가 성립되도록 하는 요건들이 모두 갖추어졌는지를 판단하기 위한 '구성요건해당성', '위법성', '책임'의 '3단계' 과정이 있다.

구성요건해당성 단계는 예를 들어 어떤 행동으로 법에서 정한 '상해'가 발생했는지를 판단하는 단계이다. 어느 정도 다쳐야 법이 말하는 '상해'인가, 얼마나 더 다치면 '중상해'인가 하는 것을 이 단계에서 따진다.

위법성 단계는 1단계의 '상해' 등이 발생했다고 판단했음에도 '정당방위' 등의 특별한 사정이 있어서 위법하지 않게 되는 경우인지를 살피는 단계이다.

책임 단계는 1, 2단계가 갖추어졌음에도 행위자의 나이가 너무 어리다거나 행위자가 누군가로부터 강요받아 행위를 했다거나 하는 등의 특별한 사정으로 행위자에게 온전히 책임을 물을 수 없는 것은 아닌지 살펴보는 단계이다.

1부에서는 이러한 3단계에 포함된 여러 범죄 요건 중 일부 요건의 차이로 인해 비슷한 상황에서 완전히 다른 결론에 이르게 된 사건들에 대해 살펴본다.

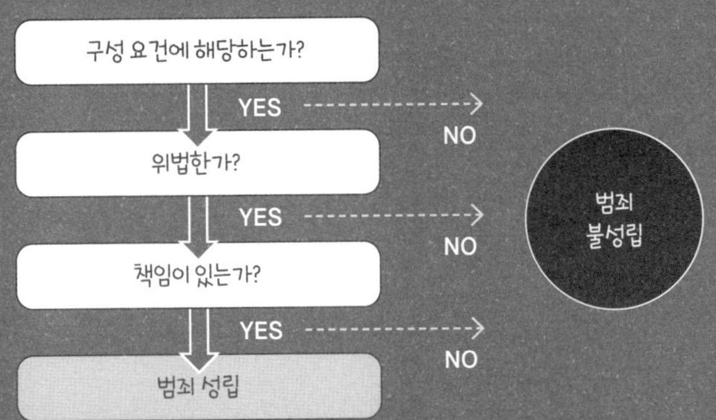

폭행당한 피해자가 허약해서 사망했다면 사망에 대해서도 책임져야 할까?

'탄산수', '캐러멜 색소' 등 콜라의 '구성'성분처럼, '학력', '토익점수' 등 취업의 자격'요건'처럼, '범죄' 역시 '객체', '행위' 등 범죄를 '구성'하는 '요건'이 모두 갖추어져야 성립한다. 예를 들어 살인죄의 경우라면 '객체'는 '사람', '행위'는 '살해'가 된다. 그래서 어떤 행위가 이러한 요건들을 모두 갖추어 '구성요건'에 '해당'하는 '성질'이 있는지 판단하는 단계를 '구성요건해당성' 단계라고 한다. 좀 더 단순하게 설명하자면 구성요건해당성 단계는 '범죄로 인식되는 행위' 또는 '범죄로 보이는 행위'가 있는지 판단하는 단계이다. 그러면 이러한 구성요건해당성 단계에 포함된 여러 구성요건 중 하나인 '인과관계'를 제대로 알아보자.

사건의 Zip

Q1 고등학교 교사 A는 말을 듣지 않았다는 이유로 학생 B의 뺨을 때렸다. 평소 허약하였던 B는 이로 인한 급격한 뇌압 상승으로 뒤로 넘어져 머리를 부딪혔고 결국 심각한 뇌손상으로 사망하였다. 이에 대해 A는 "B가 다른 학생에 비해 허약한 정도라고만 알고 있었지, 두개골이 비정상적으로 얇고 '뇌수종'이라는 병을 앓고 있었는지까지는 몰랐다."라고 변명하고 있다.

A는 B의 사망에 대해서까지 책임을 져야 할 것인가?

A1 A가 심한 폭행을 한 것이 아니라 뺨을 살짝 때린 정도라면, B가 뒤로 넘어진 것은 A로부터 뺨을 맞아서가 아니라 B의 허약상태에 온 급격한 뇌압상승이 원인이었고, 넘어져서 심각한 뇌손상으로 사망한 것은 B의 두개골이 비정상적으로 얇고 '뇌수종'이 있었던 것이 원인이다. 또한 A는 B가 허약하다는 정도로만 알았고 B에게 특별히 이상이 있는 정도라는 것은 알지 못하였다. 따라서 A의 행동으로 인해 B가 사망했다고 볼 수 없고, A는 B의 사망이라는 결과를 예측할 수도 없었다고 할 것이므로, A가 B의 사망까지 책임져야 하는 것은 아니다. 다만 이 경우에 폭행한 것은 분명하므로 무죄는 아니다. 결국 A는 폭행치사죄가 아니라 폭행죄에 해당

한다. 참고로 폭행치사죄는 3년 이상의 유기징역에 처하고, 폭행죄는 2년 이하의 징역, 500만원 이하의 벌금, 구류 또는 과료에 처한다.

Q2 A는 B를 2회에 걸쳐 두 손으로 힘껏 밀어 땅바닥에 넘어뜨렸다. 당시 심장질환을 앓고 있었고 만취한 상태였던 B는 그 충격으로 쇼크성 심장마비로 사망하였다. 이에 대해 A는 "B가 평소 허약하였다는 것과 그 당시 만취한 상태인지는 알았지만 구체적인 병명까지는 몰랐다."라고 변명하고 있다. A는 B의 사망에 대해서까지 책임을 져야 할 것인가?

A2 A는 B를 '2회', '힘껏' 밀었다. 비록 B에게 원래 병이 있었고 만취한 상태였다는 점이 B의 사망에 영향을 주었다고 해도 A의 폭행이 가장 큰 영향을 미쳤다고 보아야 하므로 여전히 인과관계가 있는 경우이다. 한편 A가 B의 구체적인 병명까지는 몰랐다고 하더라도 B가 병약한 사람이고 만취 상태였음을 알았기 때문에 B가 사망할 수도 있음을 예상할 수는 있었다고 봐야 한다. 따라서 A는 B의 사망에 대해서도 책임을 져야 한다. 결국 A는 폭행죄가 아니라 폭행치사죄에 해당한다. 참고로 폭행죄는 2년 이하의 징역, 500만원 이하의 벌금, 구류 또는 과료에 처하고, 폭행치사죄는 3년 이상의 유기징역에 처한다.

Q3. A는 자신이 채용한 학원강사 B를 유인하여 모텔 객실에 가두고 강간하려 하였다. A가 대실시간을 늘리기 위해 출입문을 막고 프론트에 전화를 하였고 그 사이에 B는 창문을 통해 탈출하려다가 떨어져 사망하였다. 이에 대해 A는 "강간하려고 한 것은 잘못이지만 B가 7층이나 되는 고층에서 창문으로 탈출할 거라고는 생각지도 못했고, B가 죽게 된 것은 B가 무리한 방법으로 탈출하려고 했기 때문이다."라고 변명하고 있다.

A는 B의 사망에 대해서까지 책임을 져야 할 것인가?

A3 비록 B가 탈출하려는 과정에서 떨어져 사망한 것이지만 B는 계속하여 감금된 상태였고 A가 출입문 쪽에서 대실시간 을 늘리기 위해 전화하고 있었기 때문에 B가 매우 당황한 상태에서 자신이 고층에 있다는 사실을 순간적으로 잊고 창문을 통해 탈출하려다가 떨어져 사망할 수도 있다는 점이 충분히 예상이 되는 경우이다. 따라서 이 경우에 인과관계가 인정되어 A는 B의 사망에 대해서도 책임을 져야 한다. 한편 비록 A의 행위가 강간미수에 그쳤지만 이러한 경우에 'B의 사망'을 결과로 보는 것이 옳기 때문에 범죄의 미완성인 '미수'가 아니라 범죄의 완성인 '기수'가 된다고 보아야 한다. 결국 A는 강간미수죄가 아니라 강간치사죄에 해당한다. 참고로 강간죄는 3년 이상의 유기징역에 처하는데, 강간미수죄의 형은 이보다 감경(가볍게)할 수 있고, 강간치사

죄는 무기 또는 10년 이상의 징역에 처한다. ※ 감금죄 부분은 논외로 한다.

Q4 A는 B를 강간하였다. 강간으로 인한 수치심과 절망감으로 B는 집으로 돌아가 독약을 먹고 자살하였다. 이에 대해 A는 "강간당하면 다 자살하냐?"라고 말하고 있다.
A는 B의 사망에 대해서까지 책임을 져야 할 것인가?

A4 인과관계가 인정되려면 어떤 원인이 있으면 당연히 그러한 결과로 이어진다고 생각될 정도가 되어야 한다. 따라서 A의 행동이 B의 자살에 영향을 미친 것은 맞지만 B는 단순 실수가 아니라 B 자신의 고의에 의한 행동으로 사망한 것이므로 그 사망이라는 결과에 대해 예상할 수도 없었던 A에게 전적으로 그 책임을 물을 수는 없다. 강간을 당하는 경우에 자살로까지 이어지는 경우가 훨씬 적다는 것을 알 수 있기 때문에 결국 법적인 측면에서는 인과관계가 인정되지 않는다. 따라서 A가 B의 사망에 대해서까지 책임을 지지는 않는 경우이다. 결국 A는 강간치사죄가 아니라 강간죄에 해당한다. 참고로 강간치사죄는 무기 또는 10년 이상의 징역에 처하고, 강간죄는 3년 이상의 유기징역에 처한다.

Q5 A가 시동을 끄고 차 키를 꽂아 둔 채로 하차한 동안에 부사수 C가 운전하다가 사고를 내어 B가 다쳤다. 이에 대해 A

는 "내가 키를 꽂아 둬서 C가 운전을 할 수 있었던 건 맞지만 C가 운전을 해서 일으킨 사고까지 내가 책임져야 하는 건 아닌 것 같다."라고 주장하고 있다.

A는 B의 상해에 대해 책임을 져야 할 것인가?

A5 C가 부사수라고 해서 그 행동에 대해 A가 모두 책임지는 것은 아니다. C가 낸 사고는 C가 운전을 잘못하여 낸 사고이므로 C가 온전히 책임을 져야 하는 것이고 A에게 그 책임을 물을 수는 없다. 결국 A가 차 키를 꽂아 둔 것과 B의 상해 사이에는 인과관계가 없기 때문에 A는 B의 상해에 대해 책임을 지지 않는 경우로 보아야 한다. 따라서 A가 실수로 차 키를 꽂아둔 행위는 어떤 죄에도 해당하지 않는다. 결국 A는 교통사고처리특례법위반(치상)죄가 아니라 무죄에 해당한다. 참고로 교통사고처리특례법위반(치상)죄는 5년 이하의 금고 또는 2천만원 이하의 벌금에 처한다.

※ 해당 참조 판례 사건 당시는 교통사고처리 특례법 제정 전으로 업무상과실치상죄 인정여부가 문제되었다. 한편 비슷한 상황에서 C가 부사수가 아니라 A의 11세 아들이었던 경우 인과관계가 있다고 본 경우가 있다.

너머 Law

행위자의 행위로 인해 범죄의 결과가 발생해야 그 행위자를 처벌할 수 있다. 즉 범죄가 성립되려면 '인과관계'가 필요하다. 이를 판단하기 위해서 법은 과학적 인과관계를 놓고 법이라는 필터를 통해 판단한다. 즉 법적 인과관계에서는 최종적으로 '발생된 결과를 그 행위자에게 온전히 책임을 묻는 것이 타당한지'를 고려한다. 물론 단순 칼부림 사건처럼 인과관계를 깊이 살펴볼 필요가 없는 경우도 있으나, 자동차에 놀라서 자전거 운전자가 다친 이른바 '비접촉 교통사고'의 경우나 원인과 결과 사이에 질병·피해자의 행동·제3자의 행동이 개입되는 경우처럼 인과관계 판단이 매우 어려운 경우라면 이러한 법적 인과관계가 매우 중요해진다.

사실 인과관계는 무한히 확장될 수 있는 특성을 가지기 때문에 적절할 수준에서 끊어줄 필요가 있다. 예를 들어 범죄자의 부모에게 범죄자를 낳지 않았으면 범죄도 없었을 것이라고 탓할 수 없고, 10년 전에 산 과도로 사람을 죽였다고 그 칼을 팔았기 때문이라고 판매자에게 잘못을 물을 수는 없다. 또 비접촉 교통사고의 경우에도 자동차의 사고에 대한 영향이 0%는 아니다. 또 자전거와 차의 거리가 7m면 상당히 많은 영향을 미쳤는지, 만약 6m나 5m면 어떤지 판단해야 한다. 이를 위해 법원은 '상당인과관계'가 있을 때 개연성이 있다고 보고 인과관계를 인정한다. 여기서 '상당'이란 인과관계가 있다고 인정될 정도에 해당된다는 뜻인데, 이는 '일반적인 생활경험'을 기준으로 판단한다.

필자의 Comment

판례 중에는 방화로 인한 화재를 적극적으로 진화하다가 피해자가 화상을 입은 경우나 도주하는 강도를 적극적으로 체포하려다가 피해자가 부상을 입은 경우에 이렇게 피해자가 다친 결과에 대하여는 범인을 처벌할 수 없다고 하는 것이 있다. 그 이유는, 피해자의 이러한 행동을 원인으로 보기 때문이다. 정의로운 행동에 찬사를 보내지만 지나친 행동으로 다치면 본인만 손해이니 때로는 몸을 사릴 필요도 있다.

참조 판례

대법원 1978. 11. 28. 선고 78도1961 판결
대법원 1986. 9. 9. 선고 85도2433 판결
대법원 1995. 5. 12. 선고 95도425 판결
대법원 1982. 11. 23. 선고 82도1446 판결
대법원 1971. 9. 28. 선고 71도1082 판결

강간을 한 짐승을 죽여도 죄가 될까?

'위법성조각사유'라는 용어를 들어보았는가? 대부분에게는 매우 생소한 용어일 것이다. 반면 정당방위는 많이들 알 것이다. 이러한 정당방위는 위법성조각사유의 일종이다. 위법성조각사유란 '위법성'을 '조각'하는 '사유(이유)'들을 말하는데, 여기서 '조각'이란 '방해하거나 물리침'을 의미한다. 너무 어렵다면 이해를 위해서 '위법성을 조각조각내서 없애는 사유'라고 편하게 생각하자. 결국 범죄 성립의 2단계인 '위법성' 단계에서는 '사람을 살해하는 행위'처럼 1단계를 통과한 행위에 정당방위 같은 위법성조각사유가 있어 위법성이 없는지를 살핀다. 즉 '사람을 살해'하면 특별한 사정이 없다면 죄가 되는 게 당연하므로 이 단계에서는 위법성을 찾는 것이 아니라 위법성이 없는 '예외'에 해당하는지를 따져본다. '정당화사유'라고도 하는 이러한 위법성조각사유에는 '정당행위', '정당방위', '긴급피난', '자구행위', '피해자의 승낙' 등이 있다. 그럼 이 중 특히 자주 문제 되는 정당방위, 긴급피난을 중심으로 살펴보자.

사건의 Zip

Q1 의붓아버지 C로부터 어릴 때부터 계속하여 강간을 당해온 여대생 A는 남자친구 B와 사전에 C를 처단하기로 공모하고 범행을 준비하였다. 이후 B는 A가 열어준 문으로 C의 방에 들어가 술에 취해 잠든 C를 깨워 C가 제대로 반항할 수 없는 상태에서 식칼로 C의 심장을 찔러 살해하였다. 이에 대해 A, B는 "앞으로도 C의 강간이 예상되는 상황에서의 불가피한 선택이었다."라고 주장하고 있다.

A, B에게 정당방위 등이 인정될 수 있을 것인가?

A1 B가 C를 살해할 당시 '현재' C가 A를 강간하는 상황은 아니었다. 다만 앞으로도 C의 강간이 예상되는 경우이므로 A에게는 '지속적 위험'은 있었다. 또한 정당방위는 적극적으로 반격하는 형태로도 할 수 있다. 따라서 A, B는 정당방위를 할 수 있는 상황이었다. 그러나 C가 비록 때려죽여도 시원찮을 짐승 같은 사람이었다 하더라도 미리 계획하에 반항할 수 없는 상태의 C를 B가 식칼로 심장을 찔러 죽인 것은 사회통념상 허용되지 않을 정도로 과했다고 평가된다. 결론적으로 정당방위를 할 수 있는 상황이었지만 그 행동이 과했기 때문에 A, B에게 정당방위가 인정되지 않는다. 또한 이 경우 '과잉방위'도 인정되지 않는다. 결국 A, B는

살인죄에 해당한다. 참고로 살인죄는 사형, 무기 또는 5년 이상의 징역에 처한다. ※ 친부가 아닌 의붓아버지인 경우로 존속살해죄가 아니라 일반 살인죄에 해당된다.

Q2 A는 처남 B가 술에 만취해서 B의 누나이자 A의 처 C를 때리는 걸 보고 화가 나서 B와 싸우게 되었다. 그 과정에서 몸무게가 85kg 이상이나 되는 B가 62kg인 A를 침대에 넘어뜨리고 가슴에 올라타 목을 누르자 A는 옆에 놓여 있던 길이 21cm 정도의 과도로 B의 허벅지를 1회 찔러 B에게 약 14일간의 치료가 필요한 상처를 입혔다. 이에 대해 A는 "B가 먼저 제 처인 C를 때렸고, 저보다 훨씬 무거운 B가 목을 눌러 호흡이 곤란하게 된 제가 안간힘을 쓰면서 허둥대다가 근처에 놓여있던 과도로 B를 딱 한 번 찔렀을 뿐이니 이는 정당방위에 해당된다."라고 주장하고 있다.
A에게 정당방위 등이 인정될 수 있을 것인가?

A2 B가 먼저 C를 때렸다는 사실, A와 B의 체격 차이로 A가 호흡이 곤란해진 사실, A는 미리 준비한 게 아니라 원래 놓여 있던 과도로 허둥대다가 B를 단지 1회 찔렀다는 사실을 모두 고려해 보더라도, A가 '화가 나서' B와 '싸움'을 하게 되었다는 사실, 과도라고는 하지만 길이가 21cm 정도였다는 사실, B에게 14일간의 치료가 필요한 상처가 발생한 사실 등을 모두 고려하면 이는 일반적인 '싸움' 상황이다. 따라서

A의 행동은 B의 공격을 막기 위한 것이라기 보다는 서로 공격할 생각으로 싸우다가 먼저 공격을 받고 이에 대항하여 가해하게 된 것이고, 이와 같은 싸움의 경우 가해행위는 방어행위인 동시에 공격행위의 성격을 가지므로 정당방위 또는 과잉방위행위라고 볼 수 없다. 결국 A는 특수상해죄에 해당한다. 참고로 특수상해죄는 1년 이상 10년 이하의 징역에 처한다. ※ 해당 참조 판례 사건 당시에는 '폭력행위 등 처벌에 관한 법률 위반(특수상해)죄'에 해당되었으나 해당 조문이 삭제되어 2023. 9. 1. 기준 형법상의 특수상해죄로 판단된다.

Q3 B와 C는 인적이 드문 심야에 혼자 귀가중인 A가 골목길로 들어가는 것을 보고 뒤에서 느닷없이 달려들어 A를 넘어뜨린 후 B가 반항하는 A를 차서 상처를 입히고 억지로 키스를 하는 등 추행하였다. 이에 A는 억지로 키스 중인 B의 혀를 깨물어 혀가 잘렸다. 이에 대해 A는 "정조와 신체의 안전을 지키려는 일념에서 엉겁결에 혀를 깨물었으니 이는 정당방위에 해당된다."라고 주장하고 있다.
A에게 정당방위 등이 인정될 수 있을 것인가?

A3 B, C 두 명이 달려든 상황이었다는 사실, 인적이 드문 심야에 A 혼자 귀가 중 어두운 골목길 안에서 일어난 일이라는 사실, B에 의해 이미 상처를 입은 상황에서 A가 자신의 정조와 신체의 안전을 지키려는 일념에서 엉겁결에 한 행동

이라는 사실을 모두 고려하면 A의 행동은 자신의 성적 순결 및 신체에 대한 침해를 막기 위한 행동으로 과한 경우로 볼 수도 없다. 따라서 A의 행위는 정당방위에 해당된다. 결국 A는 중상해죄가 아니라 무죄에 해당한다. 참고로 중상해죄는 1년 이상 10년 이하의 징역에 처한다.

Q4 A는 남편 B가 평소 폭행·협박과 변태적 성행위를 강요하여 이혼소송을 제기하였고, 이혼소송중인 상황에서 남편 B가 찾아오자 B가 칼로 행패를 부릴 것을 염려하여 부엌칼 두 자루를 침대 밑에 숨겼다. A가 문을 열어주어 방에 들어온 B는 재결합을 요구하며 부엌에 있던 가위로 A의 무릎 아래를 긋고 이혼하면 죽여버리겠다고 협박하고 변태적 성행위를 강요하였다. 계속되는 B의 요구와 폭력에 격분한 A는 그 상황에서 벗어나고 싶은 생각에서 침대 밑에 숨겨두었던 길이 21cm의 칼 한 자루를 꺼내 B의 복부 명치 부분을 1회 힘껏 찔렀고, 이로 인하여 B는 피를 많이 흘려 그 자리에서 사망에 이르게 되었다. 이에 대해 A는 "B가 먼저 폭행·협박을 해서 이를 피하기 위해 B를 칼로 찔렀으니 이는 정당방위에 해당된다."라고 주장하고 있다.

A에게 정당방위 등이 인정될 수 있을 것인가?

A4 B가 평소에도 폭행하고 변태적 성행위를 강요해서 이혼소송중이던 상황에서 B가 먼저 폭행·협박하여 이를 피하기

위한 경우였다고 하더라도, A가 미리 21cm의 칼을 준비해 둔 사실, A가 격분하여 칼로 찌른 사실, B의 폭행·협박 정도에 비추어 A가 칼로 B를 찔러 즉사하게 하였다는 사실을 종합해보면, A의 행동은 B의 폭력으로부터 자신을 보호하기 위한 행동으로서의 한도를 넘어선 것으로 평가된다. 따라서 A의 행동은 정당방위나 과잉방위에 해당하지 않는다. 결국 A는 상해치사죄에 해당한다. 참고로 상해치사죄는 3년 이상의 유기징역에 처한다. ※ 해당 참조 판례 사건 당시에는 관행상 부부 사이에 강간죄를 인정하지 않았었는데, 이 사건을 이해함에 있어서 이러한 시대적 상황에 대한 고려가 필요하다고 생각한다.

Q5 A가 B의 집에 침입하여 잠을 자고 있던 B를 강간할 목적으로 B를 향해 손을 뻗는 순간 놀라 소리치는 B의 입을 손으로 막았다. A가 강간을 이어가려고 하던 중 B가 A의 손가락을 깨물며 반항하자 A는 물린 손가락을 비틀며 잡아 뽑아 B의 이가 부러졌다. 이에 대해 A는 "B의 이가 부러진 건 B가 내 손가락을 깨물어 너무 아파서 빼다가 일어난 일일 뿐이기 때문에 그것까지 내 잘못은 아니다."라고 주장하고 있다.

A에게 긴급피난 등이 인정될 수 있을 것인가?

A5 A가 강간을 하려 했기 때문에 B가 A의 손가락을 무는 상황을 자초한 경우이다. 이렇게 A가 스스로 야기한 범행의 와

중에 B에게 상처를 입힌 행동은 법에 의하여 허용되는 것이 아니다. 따라서 A의 행동은 긴급피난에 해당되지 않는다. 결국 A는 강간죄가 아니라 강간치상죄에 해당한다. 참고로 강간죄는 3년 이상의 유기징역에 처하고, 강간치상죄는 무기 또는 5년 이상의 징역에 처한다.

※ 주거 침입 부분은 논외로 한다.

Q6 A는 A의 어머니가 갑자기 기절을 하여 이를 치료하기 위하여 부대에서 탈영했다. 이에 대해 A는 "어머니가 갑자기 기절하셔서 치료를 받을 수 있도록 해드려야 된다는 일념에서 탈영한 것이니 이는 잘못이 아니다."라고 주장하고 있다. A에게 긴급피난 등이 인정될 수 있을 것인가?

A6 A의 어머니가 갑자기 기절을 하여 이를 치료하기 위하여 탈영했더라도 이는 단순한 동기에 불과하고 다른 절차도 존재했다고 보이기 때문에 A의 행위는 긴급피난에 해당되지 않는다. 결국 A는 무죄가 아니라 군무이탈죄에 해당한다. 참고로 군무이탈죄는 전쟁중인 상황 등이 아닌 일반적인 상황에서는 1년 이상 10년 이하의 징역에 처한다.

너머 Law

'정당방위'가 인정되기 위해서는 '정당방위 상황'에서 '방위행위'를 했는데, 이 방위행위를 해야 했던 '상당한 이유(상당성)'가 있어야 한다. 따라서 느닷없이 공격받은 경우처럼 '자신이나 타인'에 대해서 '현재' '부당한' '침해'가 있는 정당방위 상황이어야 한다. 여기서 '침해'는 인간의 행위여야 한다는 의미이다. 또 이러한 상황에서 방위행위를 해야 한다. 즉 정당방위 상황이란 걸 알고 방어를 하려는 생각에서 하는 방위행위가 필요하다. 또 그 상황에서 정당방위가 필요했는지, 허용되는 정도로 했는지를 따져 알맞은 이유가 있어야 한다.

정당방위는 정당방위로 지키려는 이익이 정당방위로 침해되는 이익과 균형을 이루거나 우월할 필요가 없다. 그러나 정당방위에도 일정한 한계가 있기 때문에 수박 서리 한두 개 하는데 총을 쏘는 경우처럼 심하게 불균형한 경우라면 이는 권리남용으로 정당방위가 허용되지 않는다. 이렇게 정당방위가 인정되면 방위행위가 범죄행위처럼 보이더라도 '위법성'이 없어 범죄가 성립되지 않고 결국 무죄가 되어 처벌받지 않는다.

'긴급피난'은 '현재의 위난(위급하고 곤란한 경우)'을 피하기 위한 행위이다. 예를 들어 급발진으로 식당으로 돌진하는 차를 피하려다 옆의 손님과 충돌하여 다치게 하는 경우를 들 수 있다. 긴급피난 역시 정당방위와 같이 인정되면 위법성이 없게 되어 무죄가 되고 처벌받지 않는다.

필자의 Comment

우리나라의 경우 위법성조각사유의 인정에 인색한 경향이 있기 때문에 우리 생각과는 달리 당연히 정당방위가 된다고 생각되는 경우도 정당방위가 인정되지 않는 경우가 많았다. 따라서 만약 정당방위 등의 상황, 예를 들어 시비가 붙은 상황에 처했을 경우 일단 피할 수 있는 상황이라면 피하는 게 좋고, 만약 제압이 가능하다면 제압하는 정도에 그치는 게 좋다. 물론 이도저도 안되면 차라리 그냥 맞는 게 정답이다.

참조 판례

대법원 1992. 12. 22. 선고 92도2540 판결
대법원 2000. 3. 28. 선고 2000도228 판결
대법원 1989. 8. 8. 선고 89도358 판결
대법원 2001. 5. 15. 선고 2001도1089 판결
대법원 1995. 1. 12. 선고 94도2781 판결
대법원 1969. 6. 10. 선고 69도690 판결

몇 살까지 '청소년'인지 몰라서 18세인 청소년을 유해업소에 출입시켜도 죄가 될까?

범죄 성립의 마지막 3단계는 '책임'이다. 1, 2단계를 거쳐 '행위' 자체가 위법한 행위로 판단된 경우, 3단계에서는 이러한 위법한 행위를 '행위자'에게 책임을 지울 수 있는가를 따진다. 즉 2단계 위법성은 '행위'에 대한 객관적 판단이고, 3단계 책임은 '행위자'에 대한 주관적 판단이다. 따라서 책임 단계에서는 '개인적 특수성'이 고려된다. 이러한 책임은 행위자가 올바른 행위를 할 수 있었음에도 위법한 행위를 해서 비난할 수 있을 때 인정된다. 결국 책임이 인정되려면 '올바른 행위를 할 수 있었다'는 점이 전제되어야 하기 때문에, '책임능력', '위법성의 인식', '기대가능성'이 책임이 인정되기 위한 요건이 된다. 이 장에서는 '위법성의 인식'에 대해 알아보자.

사건의 Zip

Q1 A는 유흥접객업소인 클럽을 운영하던 중 20세 미만의 미성년자 10명을 출입시키고 술을 판매하였다. 이에 대해 A는 "경찰국장 명의의 '청소년 유해업소 출입단속대상자가 18세 미만자와 고등학생'이라는 공문 내용을 알게 되어 그 기준에 맞추어 만 18세 이상자이고 고등학생이 아닌 미성년자를 출입시킨 것일 뿐으로 출입금지 대상자가 20세 미만의 미성년자 전부를 의미하는지 몰랐다."라고 변명하고 있다. A의 행위는 죄가 될 것인가?

A1 A가 자신의 행동이 위법한지 몰랐는지가 문제된다. A의 경우는 법 규정을 알지 못하였다는 것이므로 이는 단순한 '법률의 부지'에 해당하고, 경찰당국의 잘못된 내용의 공문으로 인해 범죄 성립에 어떤 영향을 미친다고 할 수 없으므로 법률을 모른 것에 '정당한 이유'도 없다. 결국 A는 무죄가 아니라 미성년자보호법 위반죄에 해당한다. 참고로 2023. 9. 1. 기준 청소년 보호법 위반죄의 해당 규정은 2년 이하의 징역 또는 2천만원 이하의 벌금에 처하도록 하고 있다.

※ 해당 참조 판례 사건 당시 적용되던 '미성년자보호법'은 청소년 보호법 제정으로 폐기되었다.

Q2 A는 자신이 운영하는 비디오방에 만 18세 6개월된 청소년을 출입시켰다. 청소년 보호법은 19세 미만자의 비디오방 출입을 금지하고 있으나 다른 법령에는 출입문에 '18세 미만 출입금지' 표시를 부착하도록 하는 등 예외가 인정되는 것처럼 헷갈리게 되어 있다. 이에 대해 A는 "관할부서의 교육과정에서 '18세 미만의 연소자'로 출입금지표시하라고 행정지도를 했을 뿐 법에서 금지하고 있는 '만 18세 이상 19세 미만' 청소년 출입문제에 대해서는 특별한 언급도 하지 않아서 나를 비롯해 다른 업주들도 18세가 기준이라고만 알았다."라고 말하고 있다.

A의 행위는 죄가 될 것인가?

A2 A의 경우 단순히 법률 그 자체를 모른 '법률의 부지'가 아니라 자신의 행동이 위법한지를 모른 경우이다. 여러 법령들 자체가 착각할 수 있도록 헷갈리게 되어 있어 마치 허용될 것처럼 보이도록 되어 있다. 이렇게 법령이 헷갈리게 되어 있다는 점에 더해 관할부서도 제대로 된 행정지도를 하지 못하여 더욱 착각하게 만들었고, 결국 A는 물론 다른 업주들 심지어 관할부서도 착각할 정도이니 법률에 의하여 허용되는 경우라고 잘못 믿었던 것에 대하여 '정당한 이유'가 있다. 결국 A는 청소년 보호법 위반죄가 아니라 무죄에 해당한다. 참고로 사안의 청소년 보호법 위반죄는 2년 이하의 징역 또는 2천만원 이하의 벌금에 처한다.

Q3 A는 상표권자로부터 상표권을 침해했다는 이유로 고소를 당하였다. 이에 대해 A는 "변리사로부터 상표권 침해가 아니라는 취지의 답변과 감정결과를 받았고, 기소 전에 3번이나 검사의 무혐의처분이 내려졌었으며, 유사한 대법원 판례들을 잘못 이해해서 죄가 되지 않는다고 확신을 한 경우로, 특허청이 상표 등록까지 해주었다."라고 말하고 있다.

A의 행위는 죄가 될 것인가?

A3 A가 위법한지를 모른 경우이다. 따라서 A가 B의 상표권을 침해하지 않았다고 믿은 데에 '정당한 이유'가 있는지가 문제가 되지만 변리사로부터 답변을 받았다는 점을 고려하더라도, 결국 A가 유사한 대법원 판례들을 잘못 이해하였는데 이는 A가 최선의 노력을 다하지 않았기 때문이므로 '정당한 이유'가 없는 경우로 판단된다. 결국 A는 무죄가 아니라 상표법 위반(상표권침해)죄에 해당한다. 참고로 상표법 위반(상표권침해)죄는 7년 이하의 징역 또는 1억원 이하의 벌금에 처한다.

Q4 A는 발가락 양말을 주문받아 생산하다가 B로부터 의장권(현 '디자인권') 침해라며 제조 중지요청을 받았음에도 계속 양말을 제조·판매하였다. 이에 대해 A는 "중지요청을 받은 즉시 변리사에게 의뢰하여 문제없다는 전문적인 감정을 받은 것은 물론 의장등록출원 결과 특허국으로부터 등록사정

(심사하여 결정함)까지 받았다. 또한 최종적으로 대법원에서 결론이 뒤집어 지긴 했으나 내가 양말을 제조·판매한 당시에는 관련된 사건의 결론도 나에게 유리한 상황이었다. 나는 관계 법률에 관해 완전 문외한이다."라고 말하고 있다.

A의 행위는 죄가 될 것인가?

A4 A의 경우 위법한지를 모른 경우이므로 '정당한 이유'가 있는지 살펴봐야 한다. 그런데 A는 변리사에게 문의도 하였고, 특허국으로부터 등록사정까지 받았으며, A의 행위 당시에는 관련된 사건에서 A에게 유리한 결론이 나와 있던 상황이었다. 따라서 관계 법률에 관하여는 완전 문외한인 A로서는 최선의 노력을 다하였음에도 대법원이 사건의 결론을 바꾸었을 때까지는 B의 의장권을 침해하는 것이 아니라고 믿을 수밖에 없던 상황이었으므로 '정당한 이유'가 있는 경우이다. 결국 A는 의장법 위반(의장권침해)죄가 아니라 무죄에 해당한다. 참고로 현 디자인보호법 위반(디자인권침해)죄는 7년 이하의 징역 또는 1억원 이하의 벌금에 처한다. ※ 해당 참조 판례 사건 당시 적용되던 '의장법'은 '디자인보호법'으로 명칭이 바뀌었다.

Q5 영업허가가 없는 A가 장의사영업허가를 받은 B에게 물품을 판매하는 도매업을 하여 가정의례에관한법률을 위반하였다. 이에 대해 A는 "영업허가를 신청했으나 관할관청이

도매업은 영업허가가 필요 없는 것으로 해석해 허가를 해 주지 않고 있어 그랬다."라고 말하고 있다.

A의 행위는 죄가 될 것인가?

A5 A의 경우 위법한지를 모른 경우이므로 '정당한 이유'가 있는지 따져보아야 한다. A가 영업허가를 신청했으나 관할관청이 A와 같은 경우 영업허가가 필요 없는 것으로 해석해 허가를 해주지 않은 것이라면 이를 믿은 A에게는 정당한 이유가 있다. 결국 A는 가정의례에관한법률위반(미신고영업)죄가 아니라 무죄에 해당한다. 참고로 가정의례에관한법률위반(미신고영업)죄는 1년이하의 징역 또는 1천만원이하의 벌금에 처한다. ※ 해당 참조 판례 사건 당시 적용되던 '가정의례에관한 법률'은 폐지되고 건전가정의례의 정착 및 지원에 관한 법률이 제정되었다.

너머 Law

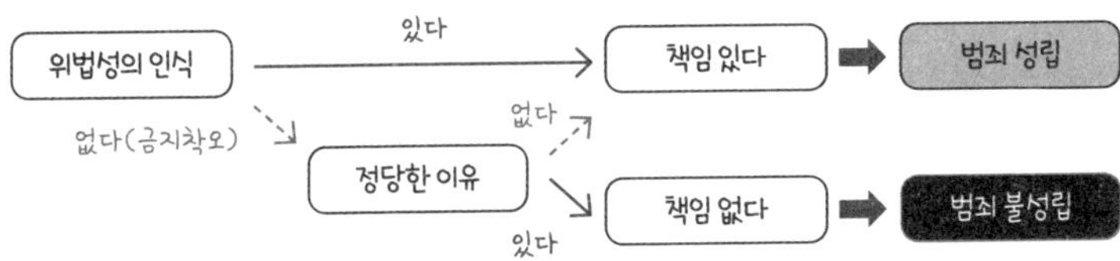

자신의 행위가 위법하다는 것을 '알고' 해야(위법성의 인식) 그 행위자를 비난할 수 있기 때문에 '책임'이 인정된다. 여기서 '위법성의 인식'은 행동이 '법적으로' '금지'되어 있다는 점을 아는 것인데, 이때 '법적으로'라고 하여 구체적인 법조문까지 알아야 되는 것은 아니고 비전문가 수준에서 사회정의에 어긋난다는 것을 아는 정도로 충분하고, '금지' 정도만 인식하면 되기 때문에 그 행동으로 처벌되는지를 알 필요는 없으며 그 행동으로 법이 보호하는 어떤 가치를 침해한다는 정도만 알면 된다. 그런데 이러한 위법성의 인식도 없이 범죄를 행한 경우 모르고 한 것이니 죄가 되지 않는다고 한다면 처벌의 공백이 발생하고 또한 열심히 법을 알고자 노력한 사람이 법에 대해 무관심한 사람보다 불리해진다는 점에서 처벌의 불균형이 초래된다. 그렇기 때문에 법을 몰랐다 하더라도 이에 더해 '정당한 이유'를 댈 수 있어야지만 처벌받지 않게 된다. 한편 이렇게 위법성의 인식이 없는 경우를 '금지착오'라고 한다. 어떤 행동을 '금지'하고 있는 법을 몰라서 자기 행동이 죄가 되지 않는다고 '착오'한 경우라는 것이다.

결론적으로 이러한 금지착오에 정당한 이유가 있다면 처벌받지 않는데, 정당한 이유는 행위자가 최선을 다해 위법한지 아닌지를 최대한 따져보았느냐의 여부에 따라 판단한다.

필자의 Comment

자신의 행동이 법에 어긋날 수도 있겠다라고 의심할 수 있는 계기가 있었는데도 제대로 알아보기 위해 최선의 노력을 기울이지 않아서 몰랐던 경우라면 '정당한 이유'는 없다. 이러한 노력에는 책을 찾아본다거나 전문가에게 조언을 구하는 것도 포함되므로 처벌받지 않으려면 이러한 노력을 해야 하고 이에 더해 증거가 될 수 있도록 노력한 사실을 기록으로 남겨 두자.

참조 판례

대법원 1985. 4. 9. 선고 85도25 판결
대법원 2002. 5. 17. 선고 2001도4077 판결
대법원 1998. 10. 13. 선고 97도3337 판결
대법원 1982. 1. 19. 선고 81도646 판결
대법원 1989. 2. 28. 선고 88도1141 판결

상관의 강압으로 법에 어긋나는 명령에 따른 경우에도 죄가 될까?

범죄 성립의 마지막 3단계인 '책임'의 요건 중 하나인 '기대가능성'이란 행위 당시에 범죄를 저지르지 않고 적법행위를 할 것을 기대할 수 있는 가능성을 말한다. 예를 들어 초등학생 선수한테 국가대표 선수만큼 플레이하는 건 애초에 기대할 수가 없다. 이러한 경우에 초등학생 선수한테 국가대표 선수만큼 플레이를 못했기 때문이라며 경기패배의 책임을 물을 수 없는 것처럼, '행위자'에게 적법행위를 기대할 수 없는 특수한 사정이 존재하는 경우 그 행위자가 위법한 행위를 한 때에도 책임을 물을 수 없다. 따라서 위법한 행위의 '책임'을 묻기 위해서는 '기대가능성'이 전제되어야 하고, 기대가능성은 책임의 한 요건이 되는 것이다. 그러면 기대가능성에 대해 제대로 알아보자.

사건의 Zip

Q1 A는 누나로부터 받은 '채점기준표'를 외운 후 고등학교 입학시험 답안지에 적어 냈다. 이에 대해 A는 "누나로부터 어떠한 경위로 입수되었는지 모르는 채점기준표를 받았을 뿐이다."라고 말하고 있다.

A의 행위는 죄가 될 것인가?

A1 A가 스스로 채점기준표를 훔치거나 한 게 아니라 누나한테 채점기준표를 받았을 뿐이다. 즉 A 자신이 옳지 못한 방법으로 답을 알아내려고 한 게 아니라 우연한 기회에 미리 출제될 시험문제를 알게 된 것이다. 이러한 경우 일반 수험자에게 그 답을 써내면 안된다고 기대하는 것은 수험생들의 일반적 심리상태로 보아 도저히 불가능하다. 그렇기 때문에 A가 적법하게 행동할 것을 기대할 수 없어 책임이 없고 결국 범죄가 성립하지 않는다. 결국 A는 업무방해죄가 아니라 무죄에 해당한다. 참고로 업무방해죄는 5년 이하의 징역 또는 1천500만원 이하의 벌금에 처한다.

Q2 교수 B가 출제교수들로부터 대학원 신입생 전형 시험문제를 받아 A에게 알려주자 A가 그 답안쪽지를 작성한 다음 이를 그대로 베껴써서 이를 모르는 시험감독관에게 제출하

였다. 이에 대해 A는 "다른 사람이 내 입장이었어도 똑같이 했을 것이다."라고 말하고 있다.

A의 행위는 죄가 될 것인가?

A2 이 경우는 A가 적법하게 행동할 것을 기대할 수 있다. 따라서 입시감독업무를 방해한 A에게 책임이 있다. 결국 A는 무죄가 아니라 업무방해죄에 해당한다. 참고로 업무방해죄는 5년 이하의 징역 또는 1천500만원 이하의 벌금에 처한다.

Q3 사용자 A는 불황으로 근로자들에게 임금 및 퇴직금 등을 제날짜에 주지 못하였다. 이에 대해 A는 "근로자들에게는 미안하지만 자금 사정이나 법률상 제한 등의 불가피한 사정이 있었다."라고 주장하였는데, 이는 사실이었다.

A의 행위는 죄가 될 것인가?

A3 단순히 기업이 불황이라는 이유만으로 사용자가 근로자에 대한 임금이나 퇴직금을 체불하는 것은 허용되지 않지만, 모든 성의와 노력을 다했어도 임금이나 퇴직금의 체불이나 미불을 방지할 수 없었다고 인정되는 경우에는 적법하게 행동할 것을 기대할 수 없다. 그런데 A의 주장은 사실로 밝혀졌기 때문에, A에게는 기대가능성이 없어 책임이 없고 따라서 범죄가 성립하지 않는다. 결국 A는 근로기준법 위반죄·근로자퇴직급여 보장법 위반죄가 아니라 무죄에 해당한

다. 참고로 근로기준법 위반죄는 3년 이하의 징역 또는 3천만원 이하의 벌금에 처하고, 근로자퇴직급여 보장법 위반죄는 3년 이하의 징역 또는 3천만원 이하의 벌금에 처한다.

Q4 군인 A는 상사의 지시에 따라 보관 중인 휘발유 등 군용물을 불법매각하여 횡령하였다. 이에 대해 A는 "나는 군인이라 상사의 지시에 거역할 수 없었다."라고 변명하고 있다. A의 행위는 죄가 될 것인가?

A4 상사들의 지시가 '저항할 수 없는 폭력이나 자기 또는 친족의 생명, 신체에 대한 위해를 방어할 방법이 없는 협박' 정도에 이르렀다고 볼 수 없기 때문에, '강요된 행위'가 아니다. 이러한 강요된 행위는 적법하게 행동할 것을 기대할 수 없는 경우의 하나의 예시이므로, A에게는 기대가능성이 있고 책임이 있다. 결국 A는 무죄가 아니라 업무상군용물횡령죄에 해당한다. 참고로 업무상군용물횡령죄는 횡령 대상이 총포, 탄약 또는 폭발물의 경우에 사형, 무기 또는 5년 이상의 징역으로, 그 밖의 경우에 사형, 무기 또는 1년 이상의 징역으로 처벌한다. 또한 여기에 3천만원 이하의 벌금을 동시에 부과할 수 있다.

Q5 A는 지도교수의 인솔하에 온 대학교 3학년생 34명 중 4명의 학생증을 제시받아 모두 같은 대학교 같은 학과 소속의 3학년 학생들로서 성년자임을 확인하고 자신의 나이트클럽에 단체입장시켜 그들 중에 섞여 있던 19세 4개월 남짓의 미성년자가 입장하게 되었다. 이에 대해 A는 "그 상황에서 미성년자가 섞여 있을지도 모른다고 예상하여 증명서를 일일이 확인하라는 것이냐?"라고 말하고 있다.

A의 행위는 죄가 될 것인가?

A5 A의 경우 적법하게 행동할 것을 기대할 수 없는 경우이다. 지도교수가 인솔하여 왔다는 점, 인원이 34명이나 되었다는 점, 그 중에 4명의 학생증을 확인한 점, 학생증 확인결과 모두 같은 대학교 같은 학과 소속의 3학년 학생이었다는 점, 미성년자는 단 1인이었다는 점 등을 고려해볼 때 증명서를 일일이 확인할 것을 요구하는 것은 사회통념상 기대할 수 없기 때문이다. 따라서 A에게는 기대가능성이 없어 책임이 없고 결국 범죄가 성립하지 않는다. 결국 A는 식품위생법위반죄가 아니라 무죄에 해당한다. 참고로 청소년 보호법 위반죄는 2년 이하의 징역 또는 2천만원 이하의 벌금에 처한다.

※ 2023. 9. 1. 기준 해당 행위는 식품위생법이 아니라 청소년 보호법으로 처벌한다.

너머 Law

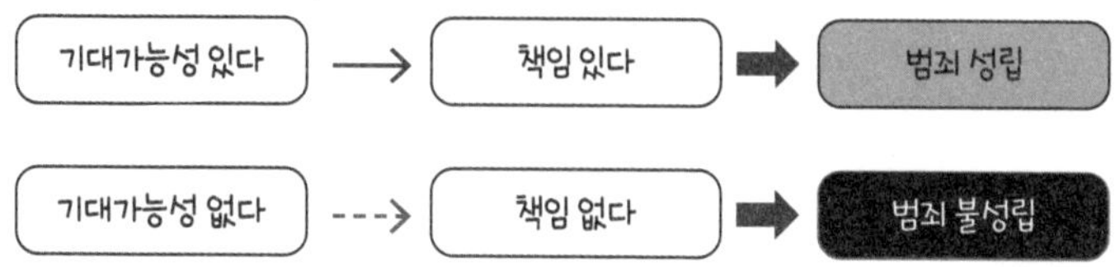

누군가에게 책임을 지울 수 있다는 말은 결국 그 사람의 행동을 비난할 수 있다는 뜻이고, 이렇게 비난할 수 있으려면, 위법한 행위를 저지르지 않고 적법한 행위를 할 수 있는 길이 있었고 보통은 그렇게 했을 것이라는 점이 인정되어야 한다. 이렇게 적법한 행위를 할 것을 '기대'하는 게 '가능'한 상황에서만이 '당신은 왜 적법한 행위를 할 수 있었는데도 위법한 행위로 나아갔느냐'라고 비난할 수 있고, 책임을 물을 수 있기 때문에 '기대가능성'은 책임의 한 요건이 되는 것이다.

이러한 기대가능성은 '행위 당시의 구체적인 상황하에' 행위자 대신에 '사회적 평균인'을 두고 이 '평균인의 관점'에서 판단한다. 즉 같은 상황에서 다른 보통 사람이었다면 어떻게 행동했을지를 판단해 보는 것이다. 그런데 이러한 기준에 의할 때 대부분의 경우에 위법한 행위를 하지 않고 적법한 행위를 할 수 있었다고 판단된다. 따라서 기대가능성이 있어 책임이 인정되어 범죄가 성립하는 것이 일반적이고 원칙적인 모습이다. 그러므로 범죄성립은 기대가능성이 없어 책임이 없는 예외적인 경우, 즉 '기대불가능성'으로 인한 '책임조각사유'가 있는지를 찾는 형태로 판단된다. 여기서 책임조각사유란 책임이 인정되는 것을 방해하는 특별한 사유를 말한다. 결론적으로 이렇게 적법행위를 할 기대가능성이 있었는데도 그렇게 하지 않았다는 점에서 책임이 있게 되면 범죄가 성립되어 처벌된다. 반대로 처음부터 기대가능성이 없었다면 그러한 행위에 대해서는 책임이 없고 범죄가 성립되지 않아 처벌되지도 않는다.

필자의 Comment

직장 생활을 하다 보면 상사로부터 위법한 명령을 받게 되는 경우가 있을 수 있다. 매우 난감한 경우가 아닐 수 없다. 그런데 기대가능성이 있어 책임이 인정되고 범죄가 성립하는 것이 원칙이다. 따라서 이러한 경우 대부분은 기대불가능한 경우라고 보기 어렵고 결국 그 명령에 따른 경우 함께 처벌될 수 있다는 점을 분명히 알아야 한다. 항상 올바르게 살기는 어렵겠지만 그래도 우리는 현명한 선택을 해야 한다.

참조 판례

대법원 1966. 3. 22. 선고 65도1164 판결
대법원 1991. 11. 12. 선고 91도2211 판결
대법원 2015. 2. 12. 선고 2014도12753 판결
대법원 1983. 12. 13. 선고 83도2543 판결
대법원 1987. 1. 20. 선고 86도874 판결

뉴스에서 말하는 '미필적 고의'가 대체 뭘까?

형법에서는 원칙적으로 일부러 저지르는 범죄인 '고의범'만 처벌하고 실수로 일어나는 범죄인 '과실범'의 경우 별도의 규정이 있는 경우에만 예외적으로 처벌한다. 또한 과실범을 처벌하는 경우에도 고의범에 비해 그 처벌 수위가 매우 낮은 편이기 때문에 고의의 인정 여부가 매우 중요하다. 또 특수한 경우를 제외하고는 대부분 '고의는 없었다'고 주장할 것인데 이러한 경우에도 고의범으로 처벌되게 하려면 이러한 주장을 받아들이지 않아야 한다. 그런데 고의의 경우 법관이나 검사가 알 수 없는 마음의 영역의 문제라는 점에서 고의는 증거 등을 통해 완벽히 증명하기가 어렵기 때문에 이러한 경우에도 고의가 인정될 수 있도록 할 현실적인 필요도 있다. 따라서 이러한 고의와 과실을 구별할 필요가 있는데, 그 경계선상에 있는 것이 바로 '미필적 고의'와 '인식 있는 과실'이다.

범죄가 성립되려면 '사람', '살해'라는 객관적 요건 이외에 '고의'나 '과실'과 같은 주관적 요건도 필요하다. 일부러 하는 것을 고의, 실수로 하는 것을 과실이라고 할 수 있는데, 고의를 좀 더 뜯어보면 고의는 '인식'과 '의사'로 이루어져 있다. 여기서 인식이란 '내가 든 건 진짜 칼이다', '앞에 있는 건 사람이다', '이 칼로 찌르면 죽을 것이다' 등의 사실들을 아는 것을 의미하고, 의사란 이렇게 인식한 내용을 실현하려는 의도를 말한다. 즉 고의는 '알면서도', '하고자 해서 했다'는 것이다. 그런데 이러한 고의나 과실의 경우 고의가 강한 정도에 따라 강한 단계에서 약한 단계로 내려가고,

다시 고의에서 과실의 단계로 넘어가는 스펙트럼처럼 되어있고 미필적 고의란 이런 스펙트럼에서 인식 있는 과실로 넘어가기 직전의 가장 약한 형태의 고의라고 할 수 있다. 참고로 인식은 강한 정도에 따라 '확실성 단계', '개연성 단계', '가능성 단계'로, 의사는 '의욕적 의사 단계', '단순한 의사 단계', '감수 의사 단계'로 나뉜다. 결국 미필적 고의는 가장 약한 고의이므로 당연히 가장 약한 가능성 단계의 인식, 감수 의사 단계의 의사를 가진 경우를 말한다.

이러한 미필적 고의를 이해하기 위해서는 인식 있는 과실과의 구별이 가장 중요하다. 둘 모두 인식이 있다는 점에서는 동일하지만 고의에는 의사가 있으나 인식 있는 과실에는 의사가 없다는 점에서 차이가 있다.

결국 '그래서 미필적 고의가 뭔데?'에 대한 해답은 감수 의사 단계의 구체적 내용에 달려 있다. 이에 대해 우리 판례는 '용인설'을 취한다고 평가되고 있다. 결국 미필적 고의는 '피해자가 죽는 것을 바라는 것까지는 아니다. 죽을 수도 있겠지만 그래도 어쩔 수 없지.'하는 마음 상태를 의미하고, 이 '어쩔 수 없지'하는 마음이 바로 '용인(용납하여 인정함)'이다. 즉 미필적 고의를 인정하려면 이러한 용인 정도는 필요하다. 반면 인식 있는 과실은 '죽을 수도 있겠지만 설마 죽겠어. 안 죽을 거야.'라고 생각하는 것으로 결과를 용인하지 않는 것을 의미한다.

결론적으로 '미필적 고의'는 행위자가 고의를 부정하더라도 법관이나 검사가 행위 형태나 행위 상황 등 모든 점을 고려해 최소한 '어쩔 수 없지' 하고 생각했을 것이라고 추론하여 미필적 고의를 인정한 후 행위자를 고의범으로 처벌할 수 있게 된다는 점에서 중요한 개념이다.

다른 사람이 개입되면 없던 범죄도 생겨난다

범죄는 혼자 저지를 수도 여러 명이 저지를 수도 있다. 여러 명이 저지를 경우에는 그 여러 명이 동등한 관계일 수도, 한쪽이 다른 쪽 사람들에게 지시하거나 도움을 주는 관계일 수도 있다. 범죄에는 다양한 방식으로 가담할 수 있는데, 행위자가 범죄에 가담하는 형태나 방식을 '범죄의 참가형태'라고 한다. 이에는 단독범의 경우인 단독참가형태도 있고, 다수참가형태도 있다. 여러 명이 가담하는 다수참가형태에서 '공동정범', '간접정범', '교사범', '종범'을 '광의의 공범'이라 하고, 그 중 '교사범', '종범'을 '협의의 공범'이라 한다.

한편 범죄행위 전체를 지배해서 범죄를 그만둘지 계속할지의 의사 결정을 할 수 있는 자를 '정범', 행위지배 없이 행위를 야기하거나 촉진한 자를 '공범'이라고 한다. 정범에는 행위자 자신이 범죄를 직접 실행하는 '직접정범', 행위자가 타인을 도구로 이용하여 간접적으로 실행하는 '간접정범'이 있고, '직접정범'은 다시 한 명이 단독으로 범죄를 실행하는 '단독정범', 여러 명이 공동하여 범죄를 실행하는 '공동정범', 여러 명의 단독범이 개별적으로 범죄를 실행하는 '동시범'이 있다. 공범에는 타인을 꼬드겨서 범죄를 실행하게 하는 '교사범'과 타인의 범죄를 도와주는 '종범'이 있다.

2부에서는 이렇게 여러 사람이 가담하여 범죄를 저지르는 경우에 발생할 수 있는 문제들에 대해 살펴본다.

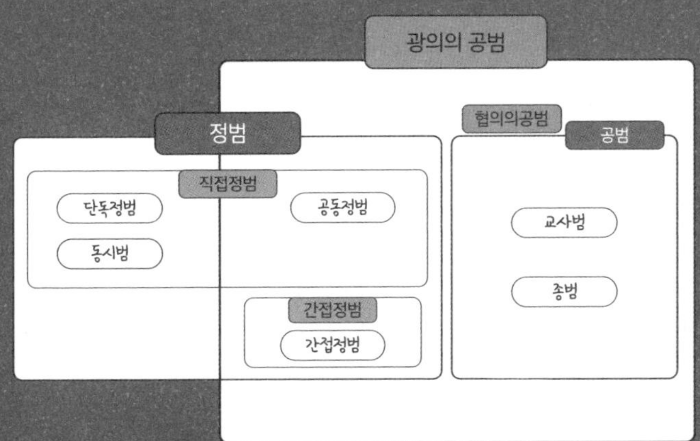

여자가 자기 몸 만지는 건 당연히 죄가 아니지만 남자가 시켜 억지로 하는 경우라면?

범죄는 직접 저지를 수도 있지만 다른 사람을 이용해서 간접적으로 저지를 수도 있다. 이 때 다른 사람을 '생명 있는 도구'로 이용하여 간접적으로 범죄를 실행하는 것을 '간접정범'이라고 한다. 의사를 지배하여 다른 사람을 이용한다는 점에서 간접정범은 '우월적 의사지배'를 그 본질적 요소로 한다. 주의해야 할 것은 만약 앞 사람을 갑자기 밀어 맨 앞에 있던 사람이 밀려 지하철 선로에 떨어져 다친 경우처럼 사람을 '생명 없는 도구'로 이용한 경우, 동물을 이용한 경우는 모두 간접정범이 아니라 직접정범이 성립한다는 점이다. 한편 여기서 다른 사람, 즉 이용을 당하는 사람(피이용자)은 "어느 행위로 인하여 '처벌되지 아니하는 자' 또는 '과실범으로 처벌되는 자'"여야 한다. 그러면 간접정범에 대해 자세히 살펴보자.

사건의 Zip

Q1 A는 청소년 B에게 시키는 대로 하지 않으면 기존에 전송받았던 은밀한 신체 부위 사진과 개인정보 등을 유포하겠다고 협박하여 B로 하여금 스스로 가슴을 만지는 동영상, 나체사진 등을 촬영하도록 하여 이를 전송받았다. 이에 대해 A는 "내가 직접 B의 신체를 만지는 행위를 하지 않았고 B의 신체에 접촉한 사실도 없다."라고 말하고 있다.

A의 행위는 '강제추행'에 해당할 것인가?

A1 강제추행죄는 처벌되지 않는 타인을 도구로 삼아 피해자를 강제로 추행하는 간접정범의 형태로도 저지를 수 있다. 여기서 도구로서의 타인에는 피해자도 포함될 수 있다. 따라서 A가 타인인 B를 도구로 삼아 피해자인 B의 신체를 이용하여 추행행위를 한 것이다. 한편 피해자 B는 청소년이다. 결국 A는 강요죄가 아니라 아동·청소년의성보호에관한법률위반(강제추행)죄의 '간접정범'에 해당한다. 참고로 강요죄는 5년 이하의 징역 또는 3천만원 이하의 벌금에 처하고, 아동·청소년의성보호에관한법률위반(강제추행)죄는 2년 이상의 유기징역 또는 1천만원 이상 3천만원 이하의 벌금에 처한다.

Q2 유가증권을 제시받은 상점 점원 B는 그 유가증권의 금액란을 고쳐 썼다. 그런데 이는 유가증권 소지자인 A가 B에게 자신이 그 금액을 고쳐 쓸 수 있는 권리가 있는 것처럼 속여서 이루어진 것이었다. 이에 대해 A는 "내가 금액란을 고쳐 쓴 것이 아닌데도 죄가 되는가?"라고 말하고 있다.

A는 '유가증권변조죄'에 해당할 것인가?

A2 A는 B를 이용하여 권한 없이 유가증권의 금액을 변경하였다. 그런데 이때 B는 A에게 권리가 있다고 생각하고 금액을 고쳐 쓴 것이므로 B에게는 '고의'가 없다. 따라서 B는 고의가 없어 처벌되지 않으며 B에게 고의가 없으므로 이는 A의 의사에 따른 것이고 유가증권변조는 이렇게 사정을 모르는 제3자를 통하여 간접정범의 형태로도 저지를 수 있다. 결국 A는 무죄가 아니라 유가증권변조죄의 간접정범에 해당한다. 참고로 유가증권변조죄는 10년 이하의 징역에 처한다.

※ 사기, 유가증권변조행사에 해당하는지는 논외로 한다.

Q3 A는 다른 사람을 비방할 목적으로 거짓 기사 재료를 그 사실을 모르는 기자 B에게 제공하여 신문 등에 보도되게 하였다. 이에 대해 A는 "B가 내가 제보한 기사를 진실이라고 믿었더라도 그 기사 내용 자체를 보면 B도 그 기사를 내면 다른 사람의 명예가 훼손될 수 있다는 사실은 알았다. 따라서 B에게 '고의'가 있었기 때문에 B 스스로의 판단에 따라 기

사가 나간 것이니 내 잘못은 없다."라고 변명하고 있다.
A는 '출판물에 의한 명예훼손죄'에 해당할 것인가?

A3 출판물에 의한 명예훼손죄는 간접정범의 형태로도 저지를 수 있다. 그런데 출판물에 의한 명예훼손죄는 '사람을 비방할 목적'이 있어야 성립된다. 따라서 B에게 '고의'가 있었더라도 '목적'까지는 없었기 때문에, B는 처벌되지 않으며 A에게는 B에게 없는 '목적'이 있기 때문에 법적인 측면에서는 여전히 우월적인 A의 의사에 따른 경우이다. 한편 거짓 기사였으므로 이는 '허위사실 적시'에 해당한다. 결국 A는 무죄가 아니라 허위사실 적시 출판물에 의한 명예훼손죄의 간접정범에 해당한다. 참고로 허위사실 적시 출판물에 의한 명예훼손죄는 7년 이하의 징역, 10년 이하의 자격정지 또는 1천500만원 이하의 벌금에 처한다.

Q4 경찰관 A는 피해자 B를 구속하기 위하여 서류 등을 진실인 것처럼 꾸며 구속영장을 신청하고, 이러한 사실을 모르는 검사 C와 판사 D를 속여 구속영장을 발부받은 후 그 영장에 의하여 B를 가두었다. 이에 대해 A는 "C와 D도 B를 가둔다는 사실 자체는 알고 한 것이니 C와 D에게 '고의'가 있고 따라서 B가 가두어진 것은 나보다 더 뛰어난 C와 D의 스스로의 판단에 따른 결과이다."라고 주장하고 있다.
A는 '직권남용감금죄'에 해당할 것인가?

A4 감금죄는 간접정범의 형태로도 행하여질 수 있다. 그런데 C와 D에게, '영장을 발부하여 B를 가둔다는 사실' 그 자체에 대해서는 '고의'가 있지만, C와 D는 각각 검사와 판사로 B를 가두는 것은 법에 의해 허용된 행위로 '정당행위'에 해당되어 '위법성'이 없는 경우이다. 또한 C와 D가 A에게 속은 경우이므로 C와 D가 A보다 법지식을 더 많이 아는 경우인 것과 상관없이 A의 우월적인 의사에 따른 경우이다. 따라서 고의는 있지만 위법성이 없어 처벌되지 않는 C와 D를 이용하여 B가 가두어지게 한 경우이다. 결국 A는 무죄가 아니라 직권남용감금죄의 간접정범에 해당한다. 참고로 직권남용감금죄는 7년 이하의 징역과 10년 이하의 자격정지에 처한다.

Q5 A가 범죄를 저질러 형사재판이 진행중이다. A는 자신에게 유리한 판결을 위해 범죄 현장을 목격한 적 없는 B에게 부탁하여 법정에서 현장을 목격한 것처럼 거짓 증언을 하게 하였다. 그런데 B는 나이가 어려 선서를 해도 선서는 무효가 되는 경우였다. 이에 대해 A는 "어쨌든 거짓말한 것은 B이니 나에게는 잘못이 없다."라고 주장하고 있다.
A는 '위증죄'에 해당할 것인가?

A5 B의 선서는 무효인데 '위증죄'는 '법률에 의하여 선서한 증인이' 거짓 진술을 한 때 성립되므로 B의 행동은 위증죄의

'구성요건해당성'이 없다. 여기서 A는 처벌되지 않는 B를 이용하여 위증하게 하여 위증죄의 간접정범이 성립할 것처럼 보인다. 그러나 일정한 범죄는 자신이 직접 실행해야 성립하고 다른 사람을 이용해서는 저지를 수 없는데, 위증죄는 이러한 경우에 해당한다. 따라서 A에게는 위증죄의 간접정범이 성립하지 않는다. 결국 A는 위증죄의 간접정범이 아니라 무죄에 해당한다. 참고로 위증죄는 5년 이하의 징역 또는 1천만원 이하의 벌금에 처한다. ※ '교사범'이 성립하기 위해서 B에게 구성요건해당성과 위법성까지는 있어야 하는데 구성요건해당성도 없는 경우이므로 A에게 위증죄의 교사범이 성립하지 않고, 증거 자체를 위조해야 증거위조가 되므로 B가 거짓말을 한 것은 증거위조죄의 구성요건해당성이 없어 증거위조죄도 성립하지 않는다. '교사범'에 대해서는 2부 3장에서 별도로 다루니 참고하기 바란다.

너머 Law

자신이 직접 범죄를 저지르지 않고 다른 사람을 이용해 간접적으로 저지른 경우에 이용당한 사람(피이용자)이 아무 것도 모르고 이용만 당한 경우라면 이용한 사람(이용자)이 원했던 범죄인 경우로 봐야 하므로 이용자에게 책임을 물어야 한다. 따라서 피이용자는 처벌되지 않거나 과실범으로 처벌되는 정도에 그치고 오히려 이용한 사람을 처벌하는 경우가 바로 '간접정범'의 경우이다. 이러한 간접정범은 크게 피이용자가 '처벌되지 아니하는 자 또는 과실범으로 처벌되는 자'에 해당하는지, '우월한 의사에 의한 이용행위'가 있는지를 살펴 그 성립여부를 판단한다.

피이용자가 처벌되지 않는다는 것은 '구성요건해당성', '위법성', '책임'이 하나라도 없어 범죄가 성립되지 않는다는 말이다. 예를 들어 속여서 여행객이 마약인지 전혀 모르고 마약을 들여오도록 이용한 경우, 속여서 경찰이 죄 없는 사람을 체포하도록 이용한 경우, 형사미성년자인 유치원생을 이용하여 물건을 훔쳐오는 경우를 들 수 있다.

다음으로 예를 들어 간호사가 의사로부터 건네받은 독약을 실수로 확인하지도 않고 그대로 환자에게 투여하여 환자가 사망한 경우가 '과실범으로 처벌되는 자'인 간호사를 이용한 경우로 이때 의사는 살인죄의 간접정범이 된다. 간접정범은 '교사 또는 방조의 예'에 의하여 처벌되기 때문에, 이용행위가 교사에 해당하는 경우는 정범과 동일한 형으로 처벌하고, 방조에 해당하는 경우는 정범의 형보다 감경(가볍게)한다.

필자의 Comment

직접 범죄 행위 자체를 하지 않아도 처벌될 수 있음을 명심하자. 예를 들어 피해자의 자살이나 자상(상해)을 이용하는 경우, 피해자가 자신의 몸을 만져 추행하는 경우 등이 있다. 또 위법한 명령에 복종한 부하가 협박당해 어쩔 수 없이 명령대로 한 것이라는 점이 인정되어 처벌되지 않는 경우 그 상관은 특수간접정범이 되므로 결코 멀리 있는 범죄 형태는 아니다. 직접 행위를 할 때와 비교해 절대 처벌이 가볍지 않고 강제추행죄처럼 생각지도 못한 범죄가 되는 경우도 있으니 주의가 필요하다.

참조 판례

대법원 2018. 2. 8. 선고 2016도17733 판결
대법원 1984. 11. 27. 선고 84도1862 판결
대법원 2002. 6. 28. 선고 2000도3045 판결
대법원 2006. 5. 25. 선고 2003도3945 판결
대법원 1998. 2. 10. 선고 97도2961 판결

사람을 죽이지 않았는데도 살인죄가 될 수 있는 경우가 있을까?

‘공동정범’은 2인 이상이 ‘공동’하여 죄를 저지르는 것이다. 비유해보자면 복잡한 기계는 각각의 부품이 각각 맡은 역할을 수행하여 각각 정해진 기능을 하는데, 이러한 부품 하나하나의 기능이 모여 기계 전체가 작동되고 만약 이런 부품 하나라도 빠지면 기계가 제대로 작동하지 않는다. 결국 부품 하나는 그 ‘기능적’인 기여를 통해 기계의 작동‘행위’ 전체에 영향을 미쳐, 마치 왕이 식량으로 백성과 국가를 지배하듯 부품이 그 기능으로 기계 전체를 ‘지배’한다. 이와 같이 공동정범은 ‘기능적 행위지배’에 정범성의 본질이 있다. 또한 그 기계가 잘 작동될 수 있도록 외부에 냉각 장치를 둔 경우처럼, 단지 그 행위에 도움만 주는 경우는 ‘공범’에 불과하기 때문에, ‘정범’에 해당하는 공동정범이 되려면 ‘본질적인 기여’를 통한 기능적 행위지배가 필요하다. 이러한 공동정범에 대해 자세히 알아보자.

사건의 Zip

Q1 A, B, C는 특수강도의 범행을 모의하였다. 그런데 A는 강도행위를 직접 하지는 않고 공모자들인 B, C가 강도행위를 통해 가져온 물건을 파는데 도움을 주기만 하였다. 이에 대해 A는 "나는 강도짓을 직접 하지 않았으니 강도해 온 물건을 파는데 도움을 준 부분에 대해서만 벌을 받겠다."라고 말하고 있다.
A는 '강도'에 대해서도 책임을 져야 할 것인가?

A1 A, B, C가 특수강도를 '공모'한 경우로, 이들에게는 특수강도를 계획하여 그에 따라 공동으로 범죄를 실행하려는 '공동실행의 의사'가 있다. 문제는 A에게 '공동의 실행행위'가 없어 공동정범이 성립하지 않는지이다. 그런데 공모 후 공모자 가운데 일부만이 실행한 경우 실행행위를 담당하지 않은 공모자에게도 공동정범이 성립한다. 결국 A는 장물알선죄가 아니라 특수강도죄의 공동정범에 해당한다. 참고로 장물알선죄는 7년 이하의 징역 또는 1천500만원 이하의 벌금에 처하고, 특수강도죄는 무기 또는 5년 이상의 징역에 처한다.

Q2 나이가 제일 많은 A는 범행 전날 밤 B, C와 강도 모의를 하였는데 이때 A는 삽을 들고 사람을 때리는 시늉을 하는 등 주도적으로 그 모의를 하였다. 이들은 사건 당일 특수절도의 범행을 한 후 함께 일대를 돌아다니면서 강도 대상을 찾았다. 마침내 B, C가 피해자를 발견하고 쫓아 가자 A 자신은 뚱뚱했기 때문에 따라가지 못하고 B, C가 강도상해를 하는 동안 범행현장에서 200m 정도 떨어진 곳에 앉아 있었다. 이에 대해 A는 "강도상해 범행을 한 것은 B, C이고 나는 범행현장에서 멀리 떨어진 곳에 앉아 있기만 했다."라고 말하고 있다.

A는 '강도상해'에 대해서도 책임을 져야 할 것인가?

A2 B, C가 강도로서 폭행·협박을 시작하는 시점, 즉 '실행의 착수' 전에 A는 이미 멀리 떨어져 있던 상태였으므로 A가 실행의 착수 전에 '공모관계에서 이탈'한 것인지가 문제된다. 그런데 나이 많은 A가 강도 모의를 주도적으로 한 경우이므로, 공모관계의 이탈이 인정되려면 A는 주모자로서 '공모'라는 형태로 이미 범행에 기여를 한 상태이기 때문에 다른 공모자 B, C에게 미친 영향력을 제거하기 위해 노력했어야 한다. 그러나 A는 B, C가 실행에 착수하기까지 범행을 말리는 등 적극적으로 실행에 미친 영향력을 제거한 사실이 없으므로 그 공모관계에서 이탈하였다고 볼 수 없다. 결국 A는 무죄가 아니라 강도상해죄의 공동정범에 해당한다.

참고로 강도상해죄는 무기 또는 7년 이상의 징역에 처한다.

※ 공모관계의 이탈이 인정되더라도 정확히는 무죄가 아니라 강도예비죄 등에 해당할 수 있으나 이러한 점 및 특수절도에 대해서는 논외로 한다.

Q3 A는 B, C와 함께 택시강도를 모의한 후 피해자 D의 택시를 타고 가다가 하차하였다. 그러나 하차한 A는 D가 경찰서에 신고할 것이 두려워 겁을 먹고 산쪽으로 도주하였다. 그 이후 D와 B, C 간에 시비가 붙어 B, C가 D에게 폭행을 가하여 살해하고 D의 주머니에서 돈을 빼갔다. 이에 대해 A는 “B, C가 D를 죽인 것은 나와 완전히 관계가 없고, B, C가 D에 대한 폭행을 시작하기도 전에 난 이미 멀리 도망간 상태였으니 나에겐 책임이 없다.”라고 주장하고 있다.
A는 ‘강도’에 대해서도 책임을 져야 할 것인가?

A3 B, C가 폭행을 시작하기도 전에 A는 현장에서 도주하였기 때문에 B, C와 사이에 강도의 실행행위를 분담한 협동관계가 없었고, ‘공모관계 이탈’이 인정된다. 즉 A는 다른 공모자들이 폭행에 착수하기 전에 도주하였는데 결국 이건 A가 범행에 기여한 바가 없다는 것이고 공모를 주도한 것이 아니므로 그 영향력을 제거해야만 하는 것은 아니며 다른 공모자들 눈앞에서 도주한 행동을 통해 이탈의 의사표시를 한 경우로 보아야 할 것이어서 공모관계 이탈이 인정되는 경우이다. 결국 A는 특수강도죄의 ‘합동범’이 아니라 강도

예비·음모죄의 공동정범에 해당한다. 참고로 특수강도죄는 무기 또는 5년 이상의 징역에 처하고, 강도예비·음모죄는 7년 이하의 징역에 처한다. ※ 단순화해서 설명하자면, '합동범'은 공동정범 전원이 범행 현장에 집합해 있어야만 범죄가 성립되는 경우를 말한다. 즉 '합동범 = 공동정범 + 현장성'이다.

Q4 A는 B, C와 다단계조직에 의한 사기범행을 공모하고 피해자들 4명을 속여서 그들로부터 투자금명목으로 피해금액의 대부분을 취득한 단계에서 위 조직의 관리이사직을 사임하였다. 그런데 A가 사임한 이후에도 피해자들은 여전히 속은 상태에 있었기 때문에 나머지 투자금명목의 돈을 냈고, B, C는 이를 같은 방법으로 받았다. 이에 대해 A는 "내가 사임한 이후에 낸 돈이나, 내가 상대하지 않은 피해자의 돈까지 내가 책임질 것은 아니다."라고 주장하고 있다.
A는 '자신의 사임 이후 피해금액'과 '자신이 상대하지 않은 피해자의 피해금액'에 대해서도 책임을 져야 할 것인가?

A4 피해자들은 계속 동일하게 속은 상태에서 동일한 B, C에게 동일한 방법으로 피해금액을 냈기 때문에 피해자별로 '포괄일죄'의 관계에 있다. 포괄일죄라는 건 여러 개의 법 위반 행위를 포괄하여 하나의 죄로 보겠다는 것이다. 예를 들어 피해자 중 한 명이 2월 3일, 3월 3일, 4월 3일 돈을 납입했다면 각각 범죄가 되어 3개의 범죄가 되는 것이 아니라 모

두 합쳐서 1개의 범죄가 인정된다. 결론적으로 피해자들이 4명이기 때문에 그들이 각각 몇 번 나누어 돈을 납입했는지와 상관없이 4개의 범죄가 성립된다. 이렇게 비록 A가 사임하였지만, 다른 공동정범인 B, C에 의해 결과가 발생한 경우에 공동정범에서는 전체행위를 기준으로 판단하기 때문에 A는 '자신의 사임 이후 피해금액'에 대해서도 책임을 져야 한다. 같은 이유로 A는 '자신이 상대하지 않은 피해자의 피해금액'도 책임져야 한다. 결국 A는 자신이 직접 행한 부분에 대해서 뿐만 아니라 행하지 않은 부분에 대해서도 책임을 져야 하므로, 피해금액 전부에 대해서 사기죄의 공동정범에 해당한다. 참고로 사기죄는 10년 이하의 징역 또는 2천만원 이하의 벌금에 처한다.

Q5 해적 A, B, C, D는 공모하여 해상강도 등 범행을 저질렀다. 이에 해군의 구출작전이 개시되어 해적들이 제압되는 과정에서, A는 두목의 지시에 응하지도 않고 선장을 죽이려고 선장에게 총을 쏴서 다치게 하였다. 당시 B, C, D는 이미 두목의 지시에 따라 무기를 버리고 피신함으로써 저항을 포기한 상황이었다. 이에 대해 B, C, D는 "A가 선장을 살해하려고 할 것이라는 점까지 예상할 수는 없었다."라고 말하고 있다.

B, C, D는 A의 '해상강도살인미수'에 대해서도 책임을 져야 할 것인가?

A5 범죄가 실패한 후 보복하려는 행동까지 공모한 것이 아니고 당시 A를 제외한 나머지 해적들은 저항을 포기한 상황이었으며, 이로써 해적행위에 관한 공모관계는 실질적으로 종료하였으므로, 그 이후 자신의 생존을 위하여 피신하여 있던 B, C, D로서는 A가 선장에게 총격을 가하여 살해하려고 할 것이라는 점까지 예상할 수는 없었다고 보아야 한다. 이는 공모자 중 한 명인 A가 공동의 실행행위 종료 후 범죄계획에서 이탈하여 그의 의사로 범행을 한 '종료 후의 이탈'의 경우로 이 경우 종료 이후의 행동은 이탈자인 A의 단독행동이 된다. 결국 B, C, D는 A의 선장에 대한 해상강도살인미수죄의 공동정범이 아니라 무죄에 해당한다. 참고로 해상강도살인죄는 사형 또는 무기징역에 처하는데, 해상강도살인미수죄의 형은 이보다 감경(가볍게)할 수 있다. ※ B, C, D가 그 이전에 함께 저질렀던 해상강도나 해상강도상해 등 범죄까지 무죄라는 의미는 아니다.

너머 Law

여러 명이 살인을 저지르는 경우 각각 범죄에 필요한 모든 행동을 했을 때 그 모두가 살인죄에 해당하는 것은 당연하다. 따라서 '공동정범'은 여러 명이 범죄를 저질렀을 때 비록 각자가 일부만을 실행한 경우라도 그 전체에 대해서 책임을 지게 하는데 존재의의가 있다. 즉, '일부실행·전부책임의 원리'가 공동정범의 핵심이다. 공동정범의 경우 범죄의 성립과 그에 따른 처벌은 전체 행위를 기준으로 한다.

공동정범이 성립하기 위해서는 '공동실행의 의사', '공동의 실행행위'가 필요하다. 여기서 공동실행의 의사는 '공모'를 말하는데, 공모가 없으면 각각의 범죄자들이 동시에 있었을 뿐인 '동시범'이 될 뿐이기 때문에, 이에 의하여 개별적 행위가 전체로 결합될 수 있다. 또 공동의 실행행위가 있어야 하는데, 이는 범행에 '본질적 기여'가 되는 정도여야 한다. 다만 판례는, 예를 들어 회장이 부하들을 시켜 범죄를 저지른 경우에 실제 실행행위는 하지 않고 공모만 한 회장을 '공모'만으로 공동정범으로 취급하기 위하여 '공모공동정범'을 인정한다.

공동정범의 경우 일부실행·전부책임의 원리에 따라 각자를 그 죄의 정범으로 처벌한다.

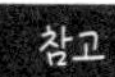

참고

공모관계가 있기 때문에 전부책임을 지는 것이므로 그 공모관계에서 이탈하는 경우 공동정범의 책임은 어떻게 될 것인지가 문제되는데, 이는 아래 도표를 참고하자.

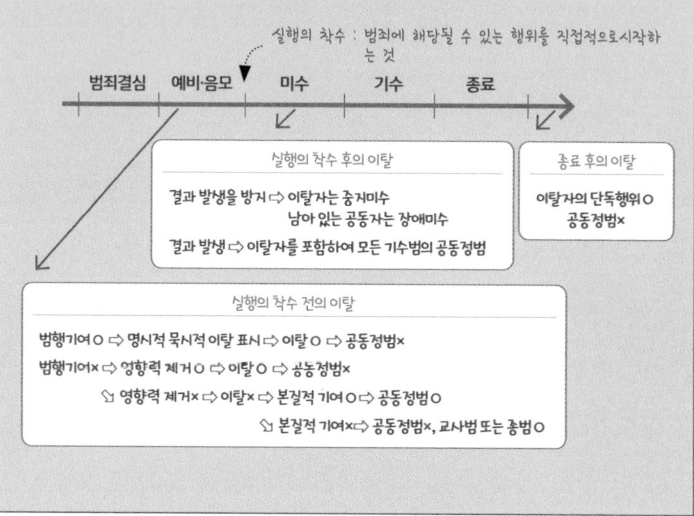

필자의 Comment

우리 판례는 여기서 '공동'으로 하는 것은 '범죄'가 아니라 '행위'라고 보기 때문에 실수로 같이 범죄를 저지르는 경우, 즉 '과실범의 공동정범'도 인정한다. 이렇게 과실범의 공동정범을 인정하는 것은 '성수대교 붕괴사고'나 '삼풍백화점 붕괴사고' 등 대형사고에서 과실이 있는 관련자들에게 '발생한 결과 전체'에 대해 보다 쉽게 책임을 지게 할 수 있다는 점에서 중요하다. 그러니 특히 인명과 관계되는 일에 종사한다면 실수로라도 실수하지 말자.

참조 판례

대법원 1983. 2. 22. 선고 82도3103 판결
대법원 2008. 4. 10. 선고 2008도1274 판결
대법원 1985. 3. 26. 선고 84도2956 판결
대법원 2002. 8. 27. 선고 2001도513 판결
대법원 2011. 12. 22. 선고 2011도12927 판결

살짝 다치게만 하라고 시켰는데 살인을 한 경우 시킨 사람은 어떤 죄에 해당될까?

'교사범'은 다른 사람(피교사자)을 꼬드겨서 범죄를 저지를 마음(범행결의)을 생기게 하여 범죄를 저지르도록 하는 자이다. 이렇게 교사범은 아직 범죄를 저지를 의사가 없는 자에게 범행결의를 유발시킨다는 점에서 이미 범행결의를 가진 자의 실행을 유형·무형으로 도와주는 '종범'과 구별된다. '간접정범'은 '의사지배', '공동정범'은 '기능적 행위지배'의 형태로 '의사'나 '행위'를 '지배'하기 때문에 '정범'이 된다. 결국 실제로 범죄를 저지르는 것은 꼬드김을 당한 피교사자이므로 피교사자에게 '행위지배'가 있어 피교사자가 정범이 되고, 교사범은 공범이 된다. 또한 교사행위 그 자체는 범죄의 실행행위가 될 수 없기 때문에 교사범은 피교사자인 정범의 실행행위에 종속해서만 성립할 수 있는 '종속범'이다. 그러면 교사범을 살펴보자.

사건의 Zip

Q1 A가 B, C, D 등이 훔쳐 온 장물을 상습적으로 19회에 걸쳐 매수하여 취득하여 오다가, 절도를 할 생각이 없던 B, C에게 드라이버 1개를 사주면서 "D가 구속되어 도망 다니려면 돈도 필요할텐데 열심히 일을 하라(도둑질을 하라)"고 말하였고, 이에 B, C는 함께 특수절도를 하였다. 이에 대해 A는 "구체적으로 언제, 누구의 집에서, 무엇을, 어떠한 방법으로 절도하라고 정해주지도 않았고 막연하게 열심히 일을 하라고 했을 뿐이다."라고 말하고 있다.

A는 '교사범'에 해당할 것인가?

A1 절도 생각이 없던 B, C가 A가 드라이버를 주면서 한 말을 들은 후 특수절도를 하였는데, 이때 교사한 범죄가 특정되어 A의 행동이 교사로 인정되는지가 문제된다. 막연히 "범죄를 하라"거나 "절도를 하라"고 하는 등의 행동만으로는 교사가 되기에 부족하나, 교사의 수단·방법에 제한이 없으므로, 교사범이 성립하기 위하여 범행의 일시, 장소, 방법 등의 세부적인 사항까지를 특정하여 교사할 필요는 없고, 정범으로 하여금 일정한 범죄의 실행을 결의할 정도에 이르게 하면 교사범이 성립된다. 따라서 A가 드라이버를 주면서 B, C에게 한 말의 취지는 종전에 D와 같이 하던 범위의

절도를 다시 계속하면 그 장물은 매수하여 주겠다는 것으로서 이는 절도의 교사로 판단된다. 결국 A는 무죄가 아니라 특수절도교사죄에 해당한다. 참고로 특수절도교사죄는 1년 이상 10년 이하의 징역에 처한다. ※ 2023. 9. 1. 기준 특정범죄가중처벌등에관한법률상 사안에 적용가능한 '상습절도' 관련 규정이 삭제되었고, '공범과 신분'이라는 어려운 문제와 연결될 수 있어 '상습성'은 논외로 하고 판단하였다.

Q2 A는 어린 B에게 "밥값을 구하여 오라"고 말하였다. 이를 들은 B는 절도를 하였다. 이에 대해 A는 "밥값을 구해오라고 한 게 훔쳐 오라는 말은 아니다."라고 말하고 있다.
A는 '교사범'에 해당할 것인가?

A2 교사는 특정의 구체적 범죄에 대한 것이어야 하므로, 막연하게 밥값을 구해 오라고 한 것만으로 구체적 범죄가 특정되었다고 볼 수 없는 것은 물론 범죄 자체를 하라고 한 것인지조차 불분명하므로, A가 절도범행을 교사한 것이라고 볼 수 없다. 결국 A는 절도교사죄가 아니라 무죄에 해당한다. 참고로 절도교사죄는 6년 이하의 징역 또는 1천만원 이하의 벌금에 처한다.

Q3 A는 B에게 C의 불륜관계를 이용하여 공갈할 것을 교사하였고, 이에 B는 C를 미행하여 C가 여자와 함께 호텔에 들

어가는 현장을 카메라로 촬영한 후 A에게 이를 알렸다. 그러나 A는 B에게 여러 차례 전화하여 그 동안의 수고비로 500만 원 내지 1,000만 원을 줄 테니 촬영한 동영상을 넘기고 C를 공갈하는 것을 단념하라고 하여 범행에 나아가는 것을 말렸다. 그럼에도 B는 A의 제안을 거절하고 촬영한 동영상을 C의 핸드폰에 전송하고 전화나 문자메시지 등으로 1억 원을 주지 않으면 동영상을 가족과 회사에 유포하겠다고 C에게 겁을 주어 C로부터 현금 500만 원을 받았다. 이에 대해 A는 "내가 B의 범죄 시작 전에 범행을 말렸고, 그 이후 B의 공갈은 내 교사로 인한 것이 아니라 B의 독자적 판단하에 이루어진 단독 범행이며, 나는 공범관계에서 이탈한 것이다."라고 주장하고 있다.

A는 '교사범'에 해당할 것인가?

A3 교사범인 A가 공범관계로부터 이탈하려면 B가 '공갈하기 전'에, '명시적'으로 말렸어야 하는데, 이는 인정된다. 그러나 A가 수고비로 500만 원 내지 1,000만 원을 주겠다면서 여러 번 말린 정도로 A가 B의 범행 방지를 위한 진지한 노력을 다하였다고 볼 수 없다. 그 결과 B는 A가 말리는 것을 명시적으로 거절하여 여전히 처음과 같은 범행결의를 그대로 유지하였다고 보아야 하므로, '인과관계'가 인정되고, A가 공범관계에서 이탈한 것으로 볼 수 없다. 결국 A는 무죄가 아니라 공갈교사죄에 해당한다. 참고로 공갈교사죄는

10년 이하의 징역 또는 2천만원 이하의 벌금에 처한다. ※ 만약 A가 진지한 노력을 다하여 말려 B의 범행결의가 더 이상 유지되지 않았다면, 설사 그 후 B가 범죄를 저지르더라도 이는 당초의 교사에 의한 것이 아니라 새로운 범행결의에 따른 것이므로, 이는 이른바 '효과 없는 교사'에 해당되어, 교사자와 피교사자를 음모 또는 예비에 준하여 처벌한다. 참고로 이러한 경우 공갈죄는 예비·음모 처벌규정이 없기 때문에 결과적으로 무죄가 된다.

Q4 A는 자신의 영업을 방해하면서 협박을 해 오던 C에게 보복하기 위하여 C의 경호원으로 있다가 사이가 나빠진 B를 소개받아 C에게 중상해를 가해 활동을 못하도록 부탁하였으나, B는 C의 온몸을 칼로 찔러 살해하였다. 그런데 당시 A는 C가 죽을 수도 있다는 점을 예상할 수 있었던 상황이었다. 이에 대해 A는 "나는 중상해를 부탁했을 뿐인데, B가 멋대로 살인을 한 것이다."라고 주장하고 있다.
A는 어떤 죄의 '교사범'에 해당할 것인가?

A4 A가 중상해를 교사했는데, B는 이를 넘어 살인을 실행하였고, A가 C의 사망을 예상가능한 상황인 경우이다. 이렇게 교사한 범죄와 실행한 범죄가 질적으로 같지만 양적으로 초과한 경우, 교사자는 원칙적으로 초과부분에 대해서 책임을 지지 않기 때문에 '중상해죄의 교사범'이 되지만, 사안처럼 A가 C의 사망을 예상할 수 있어 A에게 '과실' 내지 '예

견가능성'이 있는 경우에는 그 과실에 대해서도 책임을 져야 한다. 결국 A는 중상해죄의 교사범이 아니라 상해치사죄의 교사범에 해당한다. 참고로 중상해교사죄는 1년 이상 10년 이하의 징역에 처하고, 상해치사교사죄는 3년 이상의 유기징역에 처한다. ※ 이렇게 교사자 A가 중한 결과에 대해 과실 책임을 지는 경우를 '결과적 가중범의 교사범'이라고 한다.

Q5 A가 B에게 "C를 정신차릴 정도로 때려주라."고 말하였는데, B가 C를 살해하였다. 이에 대해 A는 "나는 때리라고 했지 죽이라고 한 적이 없다."라고 말하고 있다.
A는 어떤 죄의 '교사범'에 해당할 것인가?

A5 A의 "정신차릴 정도로 때려주라."는 상해를 교사한 것인데, 특별한 사정이 없으므로 A가 C의 사망이라는 결과를 예측하였다거나 또는 C의 사망의 결과에 대해 과실이 있었다고 인정하기 어렵다. 결국 A는 상해치사죄의 교사범이 아니라 상해죄의 교사범에 해당한다. 참고로 상해치사교사죄는 3년 이상의 유기징역에 처하고, 상해교사죄는 7년 이하의 징역, 10년 이하의 자격정지 또는 1천만원 이하의 벌금에 처한다.

너머 Law

‘교사범’은 다른 사람을 꼬드겨서 범죄를 저지를 의사가 없는 타인(피교사자)에게 범죄실행의 결의를 생기게 하고 이 결의에 의해 범죄를 실행하게 하는 자이다. 이 꼬드기는 행위를 ‘교사’라고 하는데 ‘살인청부’가 바로 전형적인 교사에 해당한다.

피교사자는 교사로 인하여 범행결의를 하여야 한다. 피교사자가 이를 승낙하지 않아 범행결의가 없는 경우를 ‘실패한 교사’라 하는데 이때에는 예비·음모 처벌 규정이 있는 경우에 한하여 교사자만 교사한 범죄의 예비·음모로 처벌된다. 피교사자는 현실로 실행행위를 하여야 한다. 피교사자가 승낙은 하되 실행행위가 없는 경우를 ‘효과 없는 교사’라 하는데 이때에는 예비·음모 처벌 규정이 있는 경우에 한하여 교사자·피교사자가 교사한 범죄의 예비·음모로 처벌된다.

그런데 ‘교사한 범죄’와 ‘실행한 범죄’가 일치하지 않는 경우 중 특히 상해를 교사했는데 살인을 실행한 경우처럼 교사한 범죄와 실행한 범죄가 동질이지만 그 정도를 초과한 경우는 어떻게 될까? 원칙적으로 교사자는 초과부분에 대해 책임을 지지 않고 ‘교사한 범죄의 교사범’으로 처벌된다. 그러나 교사자가 중한 결과를 예상 가능한 경우라면 그런 결과가 되게 만든 실수에 대한 책임을 져야 하므로, 중한 결과에 대해 ‘예견가능성’ 내지 ‘과실’이 있어 ‘결과적 가중범의 교사범’이 성립한다. ‘결과적 가중범’

이란 예를 들어 상해가 의도하지 않았던 사망의 결과로 이어졌을 경우 그 형이 가중되는 상해치사죄와 같은 범죄를 말한다. 교사범은 피교사자인 정범과 동일한 형으로 처벌한다.

필자의 Comment

위법한 명령에 구속력이 없는 경우 그 명령에 복종한 부하의 행위는 범죄가 되고 명령자인 상관은 그에 대한 특수교사·방조의 책임을 지게 된다. 또 연쇄교사도 인정된다. 따라서 살인청부처럼 겉으로 보기에 엄청난 교사가 아니더라도 회사 생활을 하다보면 명령 체계에 따라 이러한 형태의 범죄에 연루될 수 있는 가능성은 충분히 있다고 할 것이다. 결국 교사 역시 멀리 있는 범죄 형태가 아니고 처벌 역시 정범에 비해 가볍지 않으므로 주의가 필요하다.

참조 판례

대법원 1991. 5. 14. 선고 91도542 판결
대법원 1984. 5. 15. 선고 84도418 판결
대법원 2012. 11. 15. 선고 2012도7407 판결
대법원 1993. 10. 8. 선고 93도1873 판결
대법원 1997. 6. 24. 선고 97도1075 판결

백화점 직원이 입점점포에서 위조상표를 쓰는 걸 알고도 방치한 경우 죄가 될까?

'종범'은 다른 사람(피방조자)의 범죄를 '방조'하는 자를 말하며, '방조범'이라고도 한다. '방조'는 이미 범행결의를 가진 자의 실행행위를 도와주거나 그 결의를 강화시키는 행위라는 점에서, 아직 범죄를 결의하지 않은 자에게 하는 '교사'와 구별된다. 그러나 교사범처럼, 실제 범죄를 저지르는 '정범'인 피방조자에게 '행위지배'가 있어 종범도 '공범'이고, 방조행위 그 자체는 범죄의 실행행위가 될 수 없기 때문에 종범 역시 피방조자인 정범의 실행행위에 종속해서만 성립할 수 있는 '종속범'이다. 그러면 종범을 살펴보자.

사건의 Zip

Q1 A는 대학생들의 시청 기습점거 시위에 대해서는 전혀 모르고 있다가 시위 직전에 주동자인 B로부터 "지금 대원들을 데리고 시청사에 기습투쟁을 가고 있으니 누구든지 현장으로 카메라를 들고 내보내 사진촬영을 할 수 있도록 하라."는 지시를 받고 시위를 돕겠다는 생각에서 자신이 직접 사진촬영을 하기로 하고 시청사에서 시위개시를 기다리고 있다가 시위현장을 촬영하였다. 그래서 A는 시위를 도와줬다는 혐의로 검거되었다. 이에 대해 A는 "사진 찍어준 게 죄냐?"라고 말하고 있다.

A는 '종범'에 해당할 것인가?

A1 A에게 시위에 다소 동조하는 마음이 있었다고 보여지지만, A는 시위계획을 전혀 모르고 있다가 시위 직전에 시위사실을 알게 되었고 시위현장을 촬영하기만 했기 때문에 A의 경우 공동정범에 해당되지 않는다. 그러나 방조의 수단이나 방법에는 제한이 없기 때문에 시위대의 범행을 충분히 인식한 상황에서 A가 사진 촬영을 한 것은 정신적 방조에 해당된다. A의 사진촬영으로 시위대원들이 정신적으로 고무되고 그 범행결의가 강화되었기 때문이다. 결국 A는 무죄가 아니라 B 등의 폭력행위, 시위, 공용물건손상 등 범행의 방

조죄에 해당한다. 참고로 방조죄의 형은 정범의 형보다 감경(가볍게)한다.

Q2 A는 이미 입영일시를 지나 스스로 입영기피를 결심하고 집을 나서는 B에게 "잘 되겠지. 몸조심하라."라고 하고 악수를 하면서 격려하였다. 이에 대해 A는 "이별을 안타까와 하는 뜻에서 '잘 되겠지. 몸조심하라.'하고 악수를 나눈 게 죄냐?"라고 말하고 있다.
A는 '종범'에 해당할 것인가?

A2 B는 이미 범행결의를 가진 자이므로, A의 행동이 그 결의를 강화시키는 행동 즉 정신적 방조가 될 수 있는지가 문제된다. 그러나 이별에 대한 안타까운 마음에 한 말이나 악수 정도로 입영기피의 범죄의사가 강화되었다고 볼 수 없다. 결국 A는 병역법위반등범죄처벌에관한특별조치법위반방조죄가 아니라 무죄에 해당한다. 참고로 2023. 9. 1. 기준 병역법위반(도망)죄는 1년 이상 5년 이하의 징역에 처하는데, 방조죄의 형은 정범의 형보다 감경(가볍게)한다.

Q3 클럽 웨이터 A는 사장 B의 지시로 1층 출입구에서 찾아오는 손님을 2층에 있는 출입구로 안내를 맡았고, 2층에 안내된 손님들은 B가 2층 입구에서 출입증 확인이나 출입 관리를 하였는데, 미성년자가 클럽에 출입한 사실이 밝혀졌다.

이에 대해 A는 "나는 단순히 안내만 하였다."라고 말하고 있다.

A는 '종범'에 해당할 것인가?

A3 A는 손님들을 단순히 출입구로 안내를 하였을 뿐, 미성년자 여부의 판단과 출입허용여부는 2층 입구에서 B가 결정하게 되어 있었으므로 A의 안내행위가 곧 미성년자를 클럽에 출입시킨 행위 또는 그 방조행위로 볼 수 없다. 즉 이는 A의 행동이 B의 미성년자 출입 허용행위 자체에 도움을 준 것이 아니라 단지 그 허용행위 이전에 있었던 행동일 뿐이기 때문이다. 결국 A는 미성년자보호법위반방조죄가 아니라 무죄에 해당한다. 참고로 2023. 9. 1. 기준 청소년 보호법 위반죄의 해당 규정은 2년 이하의 징역 또는 2천만원 이하의 벌금에 처하도록 하고 있는데, 방조죄의 형은 정범의 형보다 감경(가볍게)한다. ※ 해당 참조 판례 사건 당시 적용되던 미성년자보호법은 청소년 보호법 제정으로 폐기되었다.

Q4 백화점에서 특정매장에 관한 상품관리 및 고객들의 불만사항 확인 등의 업무를 담당하는 직원 A는 자신이 관리하는 특정매장의 점포에 가짜 상표가 새겨진 상품이 진열·판매되고 있는 사실을 발견하였다. 그러나 A가 이러한 사실을 알고서도 이를 막거나 상급자에게 보고하여 이를 막도록 하는 등의 조치를 취하지 않아, 점주는 가짜 상표가 새겨진

상품들을 고객들에게 계속 판매할 수 있었다. 이에 대해 A는 "점주가 범죄를 저지른 것이지 내가 적극적으로 점주를 도와준 건 아니다."라고 말하고 있다.

A는 '종범'에 해당할 것인가?

A4 방조행위는 어떤 행위를 하는 방법으로 할 수도 있지만 어떤 행위를 하지 않는 방법으로 할 수도 있다. 이때 어떤 행위를 하는 것을 '작위'라 하고 하지 않는 것을 '부작위'라고 한다. 그런데 이렇게 하지 않는 부작위만으로 방조가 되기 위해서는 '해야 하는데' 하지 않은 경우여야 한다. 즉 어떤 결과가 발생하는 것을 막아야 할 의무가 있으면서도 그 의무를 이행하지 않아야 '부작위에 의한 방조'가 성립된다. 그런데 A는 상품관리 및 고객들의 불만사항 확인 등의 업무를 담당하는 지위에 있었기 때문에, A에게는 점주가 가짜 상표가 새겨진 상품들을 판매하는 것을 막아야 할 근로계약상·조리상의 의무가 있다. 따라서 A가 이러한 사실을 알고서도 적절한 조치를 취하지 않음으로써 점주가 가짜 상표 부착 상품들을 계속 판매하도록 방치한 것은 적극적으로 점주를 도와주는 '작위'의 경우와 동등한 정도의 행위로, 부작위에 의한 방조가 성립한다. 결국 A는 무죄가 아니라 상표법위반방조죄 및 부정경쟁방지법위반방조죄에 해당한다. 참고로 상표법위반죄는 7년 이하의 징역 또는 1억원 이하의 벌금에 처하고, 부정경쟁방지법위반죄는 3년 이하의

징역 또는 3천만원 이하의 벌금에 처하는데, 방조죄의 형은 정범의 형보다 감경(가볍게)한다.

Q5 간호보조원 B의 무면허 진료행위가 있은 후에 의사 A가 그 진료내용을 진료부에 기재하였다. 이에 대해 A는 "나는 B의 행위가 끝난 이후에 단순히 사후행위를 한 것에 불과하다."라고 말하고 있다.
A는 '종범'에 해당할 것인가?

A5 종범은 정범의 실행행위 전이나 실행행위 중에 정범을 방조하여 그 실행행위를 용이하게 하는 것을 말하므로, 정범의 범죄종료 후의 이른바 '사후방조'를 종범이라고 볼 수 없다. 다만 정범의 실행행위가 완료된 후 그 결과 발생 전이나 기수(범죄의 완성)가 된 이후라도 그 종료 이전에는 방조가 가능하다. 그런데 진료부는 환자진료상황을 기재하여 환자의 계속 진료에 참고로 삼는 것이기 때문에 A의 진료부 기재행위를 정범인 B의 진료종료 후의 사후행위에 불과하다고 볼 수 없고, 기수 이후 종료 이전에 방조한 경우로 보아야 한다. 결국 A는 무죄가 아니라 보건범죄단속에관한특별조치법위반방조죄에 해당한다. 참고로 보건범죄단속에관한특별조치법위반죄는 무기 또는 2년 이상의 징역에 처하고 이 경우 100만원 이상 1천만원 이하의 벌금을 동시에 부과하는데 방조죄의 형은 정범의 형보다 감경(가볍게)한다.

너머 Law

다른 사람(피방조자)의 범죄를 도와주는 걸 '종범'이나 '방조범'이라고 하는데, 그 다른 사람에게 애초에 범죄할 마음이 있었느냐 없었느냐에 따라 있었다면 종범, 없었으면 교사범이 된다.

방조행위는 피방조자인 정범의 범죄실행을 용이하게 하는 것이면 방조행위의 수단이나 방법에는 제한이 없기 때문에 흉기를 주는 등의 물질적 방조 이외에 격려나 충고, 정보제공 등의 정신적 방조도 방조로 인정된다.

한편 이러한 방조는 적극적으로 돕는 경우는 물론이고, 범죄를 막아야 할 지위에 있는 사람이 이를 막지 않고 소극적으로 방치하여 결과적으로 적극적으로 도운 만큼 그 범죄가 용이하게 된 경우에도 성립할 수 있다. 전자를 '작위에 의한 방조', 후자를 '부작위에 의한 방조'라고 하는데 모두 인정된다. 예를 들어 절도범이 도둑질하고 있는데 가만히 있기만 한 경비원에게 부작위에 의한 방조가 성립할 수 있다. 방조는 정범을 도와주는 행위이니 정범이 도움을 받을 수 있는 시기에만 방조가 가능하다. 따라서 정범의 범행이 종료된 이후 방조하는 경우인 '사후종범' 단계에서는 더 이상 방조가 성립할 수 없고 별개의 독자적인 범죄의 정범이 성립할 수 있다. 예를 들어 정범의 절도가 종료된 이후 그 장물 처리를 도와준 경우라면 이를 도와준 사람에게는 절도죄의 종범이 아닌 장물 관련 범죄의 정범이 성립하게 된다. 종범의 형은 정범의 형보다 감경(가볍게)한다.

필자의 Comment

정신적 방조가 인정되므로 경우에 따라서는 사진촬영만으로도 종범이 될 수 있고 조언·격려·충고·정보제공만으로도 종범이 될 수 있다. 따라서 뭔가 문제가 될만한 일에는 애초에 관여하지 않는 것이 정답이다. 문제는 부작위에 의한 방조도 인정된다는 점이다. 따라서 범죄를 방지해야 할 의무가 있는 경우라면 오히려 관여를 해야 한다. 이 의무가 있는지는 어느 정도 상식에 따라 판단할 수 있겠지만 종범을 처벌하려는 경향이 강해지고 있다는 점을 유념하자.

참조 판례

대법원 1997. 1. 24. 선고 96도2427 판결
대법원 1983. 4. 12. 선고 82도43 판결
대법원 1984. 8. 21. 선고 84도781 판결
대법원 1997. 3. 14. 선고 96도1639 판결
대법원 1982. 4. 27. 선고 82도122 판결

경찰서에 자진 출두해도 자수가 아닐 수 있다?

"'자수'란 범인이 자발적으로 자신의 범죄사실을 수사기관에 신고하여 재판을 요구하는 의사표시를 함으로써 성립하는 것"이다. 자수가 어떤 것인지는 모두 알 것이니 여기서는 설명을 위해 판례가 사용하는 표현을 그대로 사용한다. 판례가 사용한 단어들을 하나씩 살펴보자.

자수는 '자발적으로' 해야 한다. 예를 들어 마약이 발각될 상황에서 경찰이 추궁하자 이를 인정한 경우라면 '자발성'이 없어서 자수에 해당하지 않는다. 또한 자수는 자발적이라는 점에서 경찰 등의 질문 또는 조사를 받으면서 범죄사실을 인정하는 '자백'과 구별된다.

자수는 '자신의' 범죄사실을 신고한다는 점에서 타인의 범죄사실을 신고하는 '고소·고발'과 구별된다.

자수는 모든 범죄에 대해서 인정된다. 자수는 '범인'이 하는 것이지만 실제 신고는 제3자를 통해서도 할 수 있다. 다만 자수는 '수사기관'에 해야 하기 때문에, 예를 들어 친지 등 제3자에게 자수의사를 전달하거나 자수의사를 경찰서에 전달하여 달라고 말한 경우를 자수로 볼 수 없다. 따라서 이런 경우 자수가 인정되려면 실제로 자수의사가 수사기관에 전달되어야 한다. 참고로 회사 등 법인이 처벌받는 경우라면 법인의 이사 등 대표자가 자수해야 자수로 인정된다. 한편 자수는 범행이 발각되고 지명수배된 후에 한 경우에도 인정된다. 다만 성질상 소송단계 이전일 것을 요한다.

자수는 '범죄사실'을 신고해야 한다. 따라서 범죄사실이 아닌 것을 알리는 것은 자수가 아니다. 즉 범죄사실을 부인하거나 죄의 뉘우침이 없는 자수는 외형은 자수이지만 진정한 자수가 아니다. 결국 자수서를 가지고 수사기관에 자진 출두했어도 자수서를 제출하지 않고 범행사실도 부인하는 경우, 수사기관에 신고를 자발적으로 했어도 그 신고 내용이 자기의 범행을 명백히 부인하는 내용인 경우 모두 자수가 성립하지 않는다. 또한 범죄가 되는 돈을 3천만 원이라고 신고하였는데, 이후 수사과정에서 5천만 원이었다고 자백한 경우, 만약 그 금액의 차이로 인해 적용법조와 법정형이 달라질 정도라면, 이는 해당 범죄사실을 신고한 것이 아니기 때문에 3천만 원 부분에 대해서도 자수가 성립하지 않는다.

이렇게 일단 자수가 성립하지 않은 경우 그 이후 수사과정이나 재판과정에서 범행을 인정하더라도 새롭게 자수가 성립하지는 않는다. 다만 자수가 인정되기 위해 범죄사실을 신고하면 충분하고, 더 나아가 범죄가 된다고 알 필요까지는 없다.

3부

법이 생각하는 상식과 우리가 생각하는 상식의 갭 차이

우리는 범죄 뉴스를 접하면서 “왜?”하고 그 결론에 의문을 품는 경우가 있다. 법이나 판례에서 인정되는 상식이 우리가 살면서 알게 된 상식들과 차이가 있기 때문이다.

예를 들어, 일상생활에서는 우리의 상식으로 ‘상해’는 그냥 다쳐서 상처가 나면 상해라고 간단히 말할 수 있지만, 법은 애매한 경계선에 있는 경우도 판단해야 하기 때문에 상해의 개념 정의를 통해 상해가 아닌 정도의 경우에서 상해인 경우로 넘어가는 경계선을 확정해야 한다. 이에 더해 법은 스스로 상해와 이보다 더한 중상해를 나누고 있어 상해와 중상해의 경계선 역시 확정해야 한다. 마찬가지로 우리의 상식으로 ‘폭행’은 때리는 것이다. 그러나 법에서 바라보는 폭행의 개념은 조금 더 복잡하다. 또한 문서를 위조하면 죄가 된다는 정도만 알고 있는 경우가 대부분이다. 그런데 문서를 가지고 장난질하는 방법이 다양한 만큼 법에서는 공문서인가 사문서인가, 위조인가 변조인가 등 여러 기준에 따라 이를 세세하게 나누어서 판단한다. 그리고 최근까지도 이어지고 있는 안타까운 여러 대형 참사들에서 공무원의 직무유기죄가 당연히 성립한다고 생각할 수 있다. 그러나 생각보다 직무유기죄가 성립되기 어렵다는 말을 들으면 깜짝 놀랄 수도 있다.

3부에서는 ‘상해죄’, ‘폭행죄’, ‘사문서위조죄 등 문서에 관한 죄’, ‘직무유기죄’에서 우리의 상식과 크게 차이가 나는 법의 상식을 엿본다.

강간으로 7일 간 치료해야 하는 출혈이 발생한 경우인데도 상해가 아니라고?

'상해죄'에서 가장 중요한 것은 당연히 '상해'가 무엇인가이다. 그런데 상해라고 하면 우리는 단순히 '상처가 난 것' 정도로 생각하기 쉽다. 그런데 법은 애매한 경우를 판단하기 위해 항상 경계를 그어 '상해'와 '상해가 아닌 것'을 구분해 주어야 한다. 문제는 이 역할을 담당해야 할 우리 형법도 '사람의 신체를 상해한 자'라고만 하고 있고 구체적으로 상해가 무엇인가를 설명하지 않는 데 있다. 결국 우리가 상해가 무엇인지를 알아보기 위해 살펴보아야 하는 것은 판례이다. 다만 판례 역시 일관적이지만은 않기 때문에 여러 경우를 함께 살펴보는 것이 중요하다. 그러면 판례를 통해, 먼저 '상해가 아닌 것'과 '상해'를 구분한 후 이에 더해 상해보다 더 중한 경우인 '중상해'까지 살펴보는 방식으로 상해를 제대로 파헤쳐보자.

사건의 Zip

Q1 회사를 그만두라는 대표이사 A의 말에 부장 B가 항의하자 A는 사장이 그만두라고 하면 그만두지 무슨 말이 많느냐고 하면서 B를 구타하였고, 이후 B에게는 약 14일간의 치료가 필요하다는 상해진단서가 발급되었다. 이에 대해 A는 "2주 상해진단서는 환자가 통증만 잘 호소해도 발급받을 수 있다. B에게 외관상 별다른 상처가 보이지 않았으니 상해가 아니다."라고 주장하고 있다.

A의 행위는 '상해'에 해당할 것인가?

A1 해당 참조 판례는 '신체의 완전성을 침해하는 행위'만으로 상해가 될 수 있다는 입장에서 판단하였다. 따라서 A의 행동으로 인해 B의 신체가 완전하지 않게 된 것은 분명하므로, 이는 상해로 인정된다. 결국 A는 상해미수죄가 아니라 상해죄에 해당한다. 참고로 상해죄는 7년 이하의 징역, 10년 이하의 자격정지 또는 1천만원 이하의 벌금에 처하고, 상해미수죄의 형은 이보다 감경할 수 있다. ※ 해당 참조 판례 사건에서 실제로는 상해의 부위와 정도가 증거에 의하여 명백하게 확정되지 않았다는 이유로 대법원은 다시 판단하라고 2심 판결을 파기하고 돌려보내었다.

Q2 A는 자신이 경영하는 초밥집에 B를 불러내어 22:00경부터 그 다음날 02:30경까지 사이에 회칼로 죽여버리겠다거나 소주병을 깨어 찌를 듯한 태도를 보이면서 계속하여 협박하다가 손바닥으로 B의 얼굴과 목덜미를 여러 번 때렸다. 그러자 B가 극도의 공포심을 느껴 기절하였다가 A가 불러온 119 구급차 안에서야 겨우 정신을 차리고 인근 병원에까지 이송되었는데, B에게 외부적으로 어떤 상처가 발생하지는 않았음이 밝혀졌다. 이에 대해 A는 "상처가 없는데 상해라고 할 수 있나?"라고 말하고 있다.
A의 행위는 '상해'에 해당할 것인가?

A2 해당 참조 판례는 '신체의 완전성을 침해하는 행위'만으로는 상해가 되기에 부족하고, '생리적 기능이 훼손'될 정도에는 이르러야 상해가 될 수 있다는 입장에서 판단하였다. 그러나 이러한 판례의 입장에 따르더라도 B에게 상해가 발생하였다고 보아야 한다. B에게 비록 외부적으로 어떤 상처가 발생하지 않았다고 하더라도, 오랜 시간 동안의 협박과 폭행으로 실신하여 구급차 안에서 겨우 정신을 차리게 된 정도라면 이는 생리적 기능에 훼손을 입었다고 보아야 하기 때문이다. 한편 회칼이나 소주병은 위험한 물건에 해당하고, 특수상해죄의 성립에는 이러한 물건의 '휴대'만이 요구되고 실제로 범행에 '사용'하였을 것까지 요구되는 것은 아니다. 결국 A는 특수상해미수죄가 아니라 특수상해죄에

해당한다. 참고로 특수상해죄는 1년 이상 10년 이하의 징역에 처하고, 특수상해미수죄의 형은 이보다 감경할 수 있다. ※ 해당 참조 판례 당시 실제로는 공범들이 있었는데 이때 적용되던 폭력행위 등 처벌에 관한 법률 관련 규정은 모두 삭제되었다.

Q3 A가 B를 강간하려고 하는 과정에서 주먹으로 B의 얼굴과 머리를 몇 차례 때렸다. 이로 인해 B가 코피를 흘렸고 콧등이 약간 부었는데, 이 정도는 병원에서 치료를 받지 않더라도 일상생활에 지장이 없고 또 자연적으로 치료될 수 있는 것이었다. 이에 대해 A는 "나는 강간하지도 못했다. 그리고 강간은 원래 폭행해서 하는 것인데 그 과정에서 피해자가 코피 흘린 정도를 상해로 보면 모든 강간죄가 강간치상죄가 된다는 불합리한 결론이 되고 만다."라고 주장하고 있다. A의 행위는 '상해'에 해당할 것인가?

A3 코피를 흘리고 콧등이 부었다면 비록 병원에서 치료를 받지 않더라도 일상생활에 지장이 없고 또 자연적으로 치료될 수 있는 것이라 하더라도 이로 인하여 신체의 완전성이 손상되고 생활하는데 장애가 있다거나 건강이 나빠졌다고 보아야 하므로 강간치상죄의 상해에 해당한다. 한편 상해 자체를 노리고 한 것이 아니라 그 과정에서 일어난 '결과'이므로 이는 상해가 아니라 '치상'에 해당하고, 치상이라는 '결과'가 발생했기 때문에 설사 A가 폭행 후 B를 강간하

지 못했더라도 강간미수치상이나 강간치상미수가 되는 것이 아니라 강간치상에 해당한다. 결국 A는 강간미수죄가 아니라 강간치상죄에 해당한다. 참고로 강간죄는 3년 이상의 유기징역에 처하는데, 강간미수죄의 형은 이보다 감경할 수 있고, 강간치상죄는 무기 또는 5년 이상의 징역에 처한다.

Q4 A가 B를 강간하려다가 미수에 그치고 그 과정에서 B에게 목과 가슴부분의 피부밑 출혈, 통증으로 약 7일 간의 치료가 필요한 상처가 발생하였으나, 그 상처는 목과 가슴부분에 동전 크기의 멍이 들어 있는 정도로서 굳이 치료를 받지 않더라도 일상생활을 하는 데 아무런 지장이 없고 시간이 지나면 자연적으로 나을 수 있는 정도였다. 이에 대해 A는 "피부밑 출혈이라고 하니 대단해 보이지만 그냥 동전 크기의 멍일 뿐이다."라고 말하고 있다.
A의 행위는 '상해'에 해당할 것인가?

A4 일상생활에 아무런 지장이 없고 자연히 낫는 동전 크기의 멍 정도로 신체의 완전성이 손상되고 생활하는데 장애가 있다거나 건강이 나빠졌다고 보기는 어려워 강간치상죄의 상해에 해당된다고 볼 수 없다. 결국 A는 강간치상죄가 아니라 강간미수죄에 해당한다. 참고로 강간치상죄는 무기 또는 5년 이상의 징역에 처하고, 강간죄는 3년 이상의 유기징역에 처하는데, 강간미수죄의 형은 이보다 감경할 수 있다.

Q5 A는 여자친구인 B와 말다툼을 벌이다 주먹을 휘둘렀는데 주먹이 눈에 맞아 B를 실명케 하였다. 이에 대해 A는 "생명에는 지장이 없으니 그냥 상해일 뿐이다."라고 주장하고 있다.

A의 행위는 '중상해'에 해당할 것인가?

A5 중상해죄는 상해하여 생명에 위험이 발생한 경우 이외에 불구 또는 불치나 난치의 질병에 이르게 한 때에도 성립한다. 따라서 B가 실명한 경우는 '불구'에 해당되므로 중상해로 보아야 한다. 결국 A는 상해죄가 아니라 중상해죄에 해당한다. 참고로 상해죄는 7년 이하의 징역, 10년 이하의 자격정지 또는 1천만원 이하의 벌금에 처하고, 중상해죄는 1년 이상 10년 이하의 징역에 처한다.

너머 Law

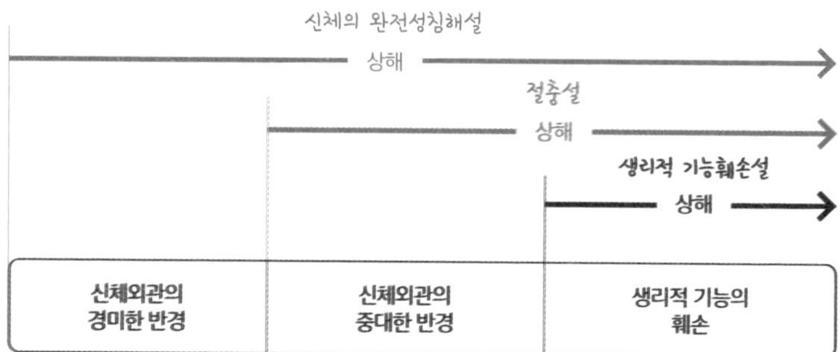

'상해죄'에서의 '상해'가 뭘까? 먼저 신체의 완전성에 대한 침해를 상해로 보는 견해가 있다(신체의 완전성침해설). 이 견해에 따르면 머리카락이나 손톱을 자르는 정도의 신체외관의 변경은 폭행임과 동시에 상해에 해당될 수 있어 폭행죄와의 구별이 불분명해진다.

다음으로 생리적 기능의 훼손을 상해로 보는 견해가 있다(생리적 기능훼손설). 이에 의하면 폭행은 '외부적 완전성의 침해'를, 상해는 '내부적 생리기능의 훼손'을 의미한다. 이 견해는 신체상처, 질병감염, 기능장애 등의 생리적 기능의 훼손의 경우를 상해로 보고 신체외관의 변경은 폭행으로 본다.

마지막으로 앞의 두 견해를 절충한 견해가 있다(절충설). 이에 의하면 생리적 기능의 훼손 이외에 신체외관의 중대한 변경을 상해로 보고, 그 이외의 신체외관의 경미한 변경은 폭행으로 본다.

판례는 '신체의 완전성침해설'을 취한 경우, '생리적 기능훼손설'을 취한 경우, '신체의 완전성침해설과 생리적 기능훼손설을 포괄하는 입장'을 취한 경우가 모두 있다.

한편 처벌에서 큰 차이가 있어 '상해'와 '중상해'의 구별이 중요하다. 우리는 중상해를 '중한 상해' 정도로 생각하는데, 법은 '상해하여 생명에 대한 위험을 발생하게 하거나, 불구 또는 불치나 난치의 질병에 이르게 하는 경우'라고 하고 있다. 판례는 코를 절단하여 전치 3개월의 상처를 입힌 경우, 실명의 경우, 청력 상실의 경우, 혀 앞부분 2cm가량을 절단한 경우를 중상해로 판단한 반면, 1~2개월간 입원할 정도로 다리가 부러진 경우나 우측 가슴을 칼로 찔러 약 3주간의 치료가 필요한 상처가 난 경우, 치아 두 개가 빠진 것은 중상해에 해당하지 않는다고 하였다.

필자의 Comment

의사들은 피해자가 아프다고 하면 뚜렷한 증상이 없더라도 전치 2주 짜리 상해진단서를 큰 고민 없이 발급해주고 있는 게 현실이다. 또 법관은 의학 전문가가 아니므로 의사가 허위 진단서로 처벌될 위험을 감수하고 작성한 진단서를 보통은 그대로 믿는다. 문제는 폭행죄와 달리 상해죄는 합의를 해도 상해죄로 기소될 수 있다는 데 있다. 결국 상해진단서가 있다고 무조건 상해죄가 되는 건 아니지만 합의를 통해서 애초에 상해진단서가 제출되지 않도록 해야 한다.

참조 판례

대법원 1982. 12. 28. 선고 82도2588 판결
대법원 1996. 12. 10. 선고 96도2529 판결
대법원 1991. 10. 22. 선고 91도1832 판결
대법원 1994. 11. 4. 선고 94도1311 판결
대법원 1960. 4. 6. 선고 4292형상395 판결

신체적 접촉 없이도 폭행이 가능하다?

'폭행죄'에서 '폭행'이란 개념을 막연하게 '때리는 것'이라고 생각하기 쉽다. 그러나 실제 사회 생활상 '때리는 것' 이외에 다양한 모습과 형태로 나타나는 '물리력을 사용하여 비슷한 고통을 주는 행동'을 모두 폭행죄로 커버해야 하기 때문에, 법에서 보는 폭행죄의 폭행은 좀 더 포괄적이다. 그러면 폭행죄에서의 폭행은 무엇일까? 사실 폭행이라고 다 같은 폭행이 아니다. 법은 범죄의 종류에 따라 다른 폭행일 것을 요구한다. 폭행죄의 폭행은 사람의 신체에 대한 폭행, 즉 직접폭행이어야 한다. 여기서 주의할 것은 직접폭행의 '직접'은 그 대상이 사람의 신체라는 점에서 '직접'인 것이고, 물리력을 이용하여 고통을 주는 것이라면 '간접'적 방법을 포함하여 폭행죄의 폭행의 수단·방법에는 제한이 없다는 점이다. 그러면 폭행죄의 폭행에 대해 자세히 살펴보자.

사건의 Zip

Q1 A는 B가 일을 잘 하지 못하자 B를 불러 면전에 대고 폭언을 여러 차례 반복하여 하였다. 이에 대해 A는 "큰소리 좀 친 게 무슨 죄냐?"라고 말하고 있다.

A의 행위는 '폭행'에 해당할 것인가?

A1 폭행의 수단·방법에는 제한이 없고, 이로 인한 고통에는 정신적 고통도 포함된다. 따라서 비록 A가 완력을 쓰거나 이로 인해 B가 육체적 고통을 느끼거나 한 것은 아니지만 A가 가까운 거리에서 여러 차례 반복하여 폭언을 한 것은 소리라는 물리력의 작용을 통해 B가 정신적 고통을 느끼게 한 행동으로 폭행으로 인정된다. 결국 A는 무죄가 아니라 폭행죄에 해당한다. 참고로 폭행죄는 2년 이하의 징역, 500만원 이하의 벌금, 구류 또는 과료에 처한다.

Q2 A는 종업원 숙소에 가서 종업원 B가 자신을 만나주지 않는다는 이유로 잠겨 있던 주방문을 부수고 주방으로 들어가 방문을 열어주지 않으면 모두 죽여 버린다고 폭언하면서 잠겨 있던 방문을 여러 차례 발로 찼다. 이에 대해 A는 "B의 얼굴도 못 보고 방문만 찼을 뿐인데 이게 무슨 폭행이냐?"라고 말하고 있다.

A의 행위는 '폭행'에 해당할 것인가?

A2 폭행은 사람의 신체에 대한 것이어야 한다. 따라서 물건인 방문을 찬 것만으로는 폭행으로 볼 수 없다. 물론 폭행이 되기 위해 반드시 신체에 직접적 접촉이 필요한 것은 아니지만 신체에 물리력의 영향 내지 작용이 미치는 정도에는 이르러야 한다. 한편 A는 주방문을 부쉈으므로 재물손괴죄, 죽여 버린다고 협박하였으므로 협박죄에 해당한다. 결국 A는 폭행죄는 아니고 재물손괴죄 및 협박죄에만 해당한다. 참고로 폭행죄는 2년 이하의 징역, 500만원 이하의 벌금, 구류 또는 과료에 처하고, 재물손괴죄는 3년이하의 징역 또는 700만원 이하의 벌금에 처하며, 협박죄는 3년 이하의 징역, 500만원 이하의 벌금, 구류 또는 과료에 처한다. ※ A가 주방으로 들어간 행동은 주거침입에 해당할 수 있으나 이는 논외로 한다.

Q3 A는 자신의 차를 가로막고 서 있는 B를 향해 차를 조금씩 전진시키고 B가 뒤로 물러나면 다시 차를 전진시키는 방식의 운전을 반복하였다. 이에 대해 A는 "나는 B를 차로 친 적이 없다."라고 말하고 있다.

A의 행위는 '폭행'에 해당할 것인가?

A3 폭행은 반드시 피해자의 신체에 접촉할 필요가 없다. 물리력의 작용으로 사람의 신체에 대하여 육체적·정신적으로 고통을 주면 폭행이다. 따라서 비록 A가 자신의 차로 B를 부딪친 것은 아니라고 하더라도, B를 부딪칠 듯이 차를 조금씩 전진시키는 것을 반복하는 행동을 한 것 역시 폭행에 해당한다. 한편 자동차는 '위험한 물건'에 해당되고, '휴대'는 '소지'뿐만 아니라 널리 '이용'한다는 뜻도 포함하고 있고 '운전'은 '이용'에 해당하므로, A의 행동은 '위험한 물건을 휴대하여' 한 폭행으로 특수폭행에 해당한다. 결국 A는 무죄가 아니라 특수폭행죄에 해당한다. 참고로 특수폭행죄는 5년 이하의 징역 또는 1천만원 이하의 벌금에 처한다.

Q4 가수 A는 동료 가수 B에게 "노래를 가로챘다. 표절했다. 사회에 매장시키겠다."하는 등의 내용으로 전화하거나 그 내용을 자동응답기에 녹음하여 B가 듣게 하였는데, 이러한 폭언은 하루에 수십 회, 일주일에 4 내지 5일 정도로 몇 년간 반복하여 이뤄졌다. 이에 대해 A는 "나는 B에게 전화만 했지 B의 근처에 간 적도 없다."라고 말하고 있다.

A의 행위는 '폭행'에 해당할 것인가?

A4 신체의 청각기관을 직접적으로 자극하는 음향도 경우에 따라서는 폭행에 해당한다. 즉 피해자의 신체에 '공간적으로 근접'하여 고성으로 폭언이나 욕설을 하거나 동시에 손발

이나 물건을 휘두르거나 던지는 행동은 직접 피해자의 신체에 접촉하지 않더라도 폭행에 해당될 수 있다. 그러나 폭행이 되려면 신체가 자극받을 수 있을 정도로 물리력의 작용이나 영향 내에 있어야 하기 때문에, 거리상 멀리 떨어져 있는 사람에게 전화하면서 고성을 내거나 그 녹음을 듣게 하는 경우에는 특수한 방법으로 고통을 느끼게 할 정도의 음향을 이용한 경우가 아니라면 폭행으로 볼 수 없다. 한편 A가 매장시키겠다고 하는 등의 행동을 한 것은 협박죄에는 해당한다. 결국 A는 폭행죄는 아니고 협박죄에만 해당한다. 참고로 폭행죄는 2년 이하의 징역, 500만원 이하의 벌금, 구류 또는 과료에 처하고, 협박죄는 3년 이하의 징역, 500만원 이하의 벌금, 구류 또는 과료에 처한다.

Q5 A는 B와 함께 자신의 자취방으로 가서 B가 거짓말을 하였다는 이유로 길이 50~60cm 정도의 당구큐대로 B의 머리 부위를 3~4회 가볍게 톡톡 때리고 배 부위를 1회 밀어 폭행하였다. 그런데 그로 인하여 B에게 상해가 발생하지는 않았고, B가 A의 폭행에 별다른 저항을 하지 않았으며, A와 B는 나이 차이가 두 살 차이에 불과하고 이 사건 전후에도 함께 어울리며 지냈다는 사실이 밝혀졌다. 이에 대해 A는 "나는 당구큐대를 휘두른 것이 아니다."라고 말하고 있다.
A의 행위 속 당구큐대는 '위험한 물건'에 해당할 것인가?

A5 A의 행동이 폭행에 해당함은 명백하다. 따라서 당구큐대가 '위험한 물건'에 해당하여 특수폭행죄에 해당하는지를 살펴보면 된다. '위험한 물건'은 그 물건의 객관적 성질과 사용방법에 따라서는 사람의 생명·신체에 해를 줄 수 있는 물건을 말하는데, 이는 구체적인 사안에서 사회통념에 비추어 그 물건을 사용하면 상대방이나 제3자가 생명 또는 신체에 위험을 느낄 수 있는지 여부에 따라 판단한다. 그런데 A가 당구큐대를 사용한 방법이나 폭행 이후 밝혀진 여러 사실들을 고려하면 B나 제3자가 위험성을 느꼈으리라고 보여지지 않으므로, A의 행위 속 당구큐대는 '위험한 물건'에 해당하지 않는다. 결국 A는 특수폭행죄가 아니라 폭행죄에 해당한다. 참고로 특수폭행죄는 5년 이하의 징역 또는 1천만원 이하의 벌금에 처하고, 폭행죄는 2년 이하의 징역, 500만원 이하의 벌금, 구류 또는 과료에 처한다.

※ 해당 참조 판례 사건 당시에 적용되던 폭력행위등처벌에관한법률상 관련 규정은 2023. 9. 1. 기준 삭제된 상태이다.

너머 Law

폭행을 수단으로 하는 다양한 범죄에서 요구되는 폭행은 다르다. 특히 '폭행죄'의 '폭행'은 '사람의 신체에 대한 유형력의 행사'를 말한다. 그 대상이 '사람의 신체'이므로 직접폭행만을 의미한다. '유형력'이란 고통을 줄 수 있는 넓은 의미의 물리력을 말한다. 폭행죄의 폭행의 수단·방법에는 제한이 없기 때문에 소리·마취약·빛·냄새 등을 이용하는 경우도 모두 포함된다. 또한 사람의 신체에 대한 것이어야 하므로 단순히 물건에 대한 것은 포함되지 않지만 반드시 사람의 신체에 직접 접촉할 필요는 없다. 따라서 주먹을 휘둘렀으나 빗나간 경우에도 폭행미수가 아니라 폭행죄가 될 수 있다. 다만 이러한 경우에도 폭행은 물리력의 작용으로 인한 고통이 발생해야 하므로 신체에 물리력이 작용하거나 영향을 미칠 수 있을 정도의 공간적 근접은 필요하다. 따라서 전화기를 통해 고성을 내는 것은 특별한 경우가 아닌 한 폭행이 아니다.

'특수폭행죄'에서 '위험한 물건'은 그 객관적 성질 이외에 사용방법까지 고려하여 판단하기 때문에 흉기 이외에 사람을 살상하는데 사용할 수 있는 물건을 포함한다. 위험한 물건인지는 구체적 사안에서 생명 또는 신체에 위험을 느낄 수 있는지 여부에 따라 판단한다. 위험한 물건에 해당하는 예로 최루탄, 농약, 야전삽, 유리병, 쪽가위, 맹견같은 동물 등을 들 수 있는데, 판례는 같은 당구큐대라도 휘둘렀느냐 가볍게 때렸느냐에 따라 위험한 물건인지를 달리 판단하였고 일반적으로 위험한 물건으로 보는 자동차도 소형차(라노스)로 중형차(쏘나타)를 막 출발하는 상태에서 들이받은 경우 위험한 물건에 해당하지 않는다고 하였다. 또 특정인을 겨냥하여 던진 것이 아닌 소화기, 자신을 찌르려던 식칼을 뺏은 후 훈계하면서 칼자루로 머리를 가볍게 친 경우의 식칼, 길이 2m·직경 5cm의 쇠파이프에 대항하기 위하여 사용된 길이 1m·직경 5cm의 각목은 위험한 물건이 아니다.

필자의 Comment

뉴스 등을 보면 폭행한 적 없고 밀치기만 했다고 변명하는 경우를 보게 된다. 물론 밀치는 행위도 폭행이니 이는 말이 안 되는 말이다. 가까이서 하는 대부분의 행동은 폭행이 되니 일방적인 측면이 있더라도 싸움은 대부분 쌍방폭행이 된다. 이렇게 폭행은 쉽게 인정될 수 있으니 매우 조심해야 한다. 다행인 점은 폭행죄는 합의만 하면 처벌의 위험에서 벗어나게 된다는 점이고 불행인 점은 그만큼 수백에서 수천의 돈이 깨지게 된다는 점이다. '참을 인'을 떠올리자.

참조 판례

대법원 1956. 12. 21. 선고 4289형상297 판결
대법원 1984. 2. 14. 선고 83도3186,83감도535 판결
대법원 2016. 10. 27. 선고 2016도9302 판결
대법원 2003. 1. 10. 선고 2000도5716 판결
대법원 2004. 5. 14. 선고 2004도176 판결

대리인이 차액을 챙기려고 매매계약서에 실제 매수가격보다 높게 적은 경우 위조일까?

'문서에 관한 죄'는 문서가 진짜라고 생각하는 사람들의 신용을 깰 정도로 문서를 변경하는 경우 성립한다. 따라서 그 기준은 일반인이 진짜 문서라고 잘못 믿기에 충분한 정도인가가 된다. 한편 문서는 사람의 구체적 의사가 계속하여 이해할 수 있게 표시되어 있고, 이 의사표시로 법률관계와 사회생활상 중요사항을 증명할 수 있으며, 그 의사표시의 주체인 명의자가 표시된 것을 말한다. 반대로 말하면 사람의 의사가 표시되지 않은 '제조상품의 일련번호', 의사표시가 구체적이지 않은 '시·소설 등 예술작품', 시각적으로 이해할 수 없는 '컴퓨터 파일 자체', 계속성이 없는 '파일을 실행시켜 컴퓨터 모니터 화면에 나타낸 문서의 이미지', 증명의사가 없는 '초안·초고', 명의자가 표시되어 있지 않고 판별할 수도 없는 문서 등은 모두 형법상 문서에 관한 죄에 있어서 '문서'로 볼 수 없다. 이러한 점을 알고 문서에 관한 죄를 살펴보자.

사건의 Zip

Q1 매수인으로부터 매도인과의 토지매매계약체결에 관하여 포괄적 권한을 위임받은 대리인 A는 차액을 챙길 생각으로 실제 매수가격 보다 높은 가격을 매매대금으로 기재하여 매수인 명의의 매매계약서를 작성하였다. 이에 대해 A는 "내가 계약 자체를 체결할 수 있게 되어 있는데 높은 가격 좀 적은 게 무슨 죄냐?"라고 말하고 있다.
A는 '사문서위조죄'에 해당할 것인가?

A1 A는 포괄직 권한을 위임받았기 때문에, 위임받은 권한의 범위 내에서 이를 남용하여 문서를 작성한 것이다. 이렇게 권한이 있는 자가 진실하지 않은 거짓내용의 문서를 작성한 경우를 '무형위조'라고 한다. 우리 형법은 무형위조는 공문서와 달리 사문서에 있어서는 허위진단서작성죄의 경우만 예외적으로 처벌하고 그 이외에는 처벌하지 않는다. 따라서 A는 사문서인 매매계약서에 실제 가격보다 높은 가격을 진실인 것처럼 꾸며 그 내용을 거짓으로 작성한 것이므로 '사문서의 무형위조'에 해당하여 처벌할 수 없다. 결국 A는 사문서위조죄가 아니라 무죄에 해당한다. 참고로 사문서위조죄는 5년 이하의 징역 또는 1천만원 이하의 벌금에 처한다.

※ 배임죄에 해당할 여지는 있으나 이는 논외로 한다.

Q2 세금계산서상의 공급자인 A는 마음대로 '공급받는 자' 란에 다른 사람을 기재하였다. 이에 대해 A는 "내가 내 세금계산서를 마음대로 작성한 것도 죄냐?"라고 말하고 있다.

A는 '사문서위조죄'에 해당할 것인가?

A2 위조가 되려면 '타인의 명의를 사칭'하여 그 타인이 의사표시를 한 것처럼 꾸며야 한다. 그런데 세금계산서의 작성권한자는 공급자이고 공급받는 자는 그 문서 내용의 일부에 불과할 뿐 세금계산서의 작성명의인이 아니다. 따라서 A가 '공급받는 자' 란에 임의로 다른 사람을 기재해도 그 사람에 대한 관계에서 사문서위조죄가 성립되지 않는다. 결국 A는 사문서위조죄가 아니라 무죄에 해당한다. 참고로 사문서위조죄는 5년 이하의 징역 또는 1천만원 이하의 벌금에 처한다.

※ 조세범 처벌법상 문제는 논외로 한다.

Q3 A는 일반인들이 보기에 진짜로 보일 만한 사문서를 만들었다. 이에 대해 A는 "작성명의자의 도장도 안 찍었고 주민등록번호도 없는 상태였으니 위조가 아니다."라고 주장하고 있다.

A는 '사문서위조죄'에 해당할 것인가?

A3 위조가 되려면 일반인들이 진짜라고 믿을 정도의 형식·외관을 갖춘 문서를 작성해야 한다. 따라서 이 정도로 잘 만들

지 못하고 위조되었다는 사실을 쉽게 알 수 있을 정도로 조잡하게 만들어진 경우라면 위조가 아니고, 반대로 이 정도의 형식·외관이 갖추어진 경우라면 위조이고 여기에 반드시 작성명의자의 서명이나 날인이 있어야 하는 것은 아니다. 따라서 비록 도장도 안 찍혀 있고 주민등록번호 기재도 없지만 A는 일반인들이 진짜라고 믿을 정도의 문서를 작성하였으므로 이는 위조에 해당한다. 결국 A는 무죄가 아니라 사문서위조죄에 해당한다. 참고로 사문서위조죄는 5년 이하의 징역 또는 1천만원 이하의 벌금에 처한다.

Q4 A는 이미 진실하지 않은 내용이 기재된 공문서인 폐품반납증의 내용을 약간 변경하였다. 이에 대해 A는 "이미 허위문서였는데 이걸 조금 바꿨다고 죄가 되냐?"라고 말하고 있다.

A는 '공문서변조죄'에 해당할 것인가?

A4 변조는 문서의 '내용'을 변경하되, 변경된 문서와 변경전 문서가 여전히 '동일'한 문서라고 할 수 있을 정도로 약간만 변경하는 것을 말한다. 그런데 이러한 변조는 진정한 문서만을 대상으로 하므로 위조문서나 허위문서는 그 대상이 아니다. 따라서 폐품반납증은 이미 허위문서였기 때문에 이를 변경한 A의 행동은 변조에 해당하지 않는다. 결국 A는 공문서변조죄가 아니라 무죄에 해당한다. 참고로 공문서변

조죄는 10년 이하의 징역에 처한다.

Q5 A는 B가 제출한 사직서를 가지고 있다가 B의 승낙 없이 수리한 날짜에 제출된 것으로 사직서를 수정하여 수리하였다. 이에 대해 A는 "내가 수정해서 B에게 더 유리하게 되었으니 결과적으로 B가 원하는 대로 된 것이다. 그런데도 죄가 되냐?"라고 말하고 있다.

A는 '사문서변조죄'에 해당할 것인가?

A5 문서에 관한 죄는 사회적 차원에서 문서가 진짜라고 믿고 행동할 수 있도록 공공의 신용을 보호하기 위해서 존재한다. 따라서 우리 형법은 명의자의 의사에 맞는지에 대해서는 따로 규정하지 않고, 변조 당시 명의자의 승낙 없이 한 것이기만 하면 변조에 해당하는 것으로 본다. 따라서 설사 변조된 문서가 명의인 B에게 유리하여 결과적으로 원하는 대로 된 것이라 하더라도 이러한 경우 변조에 해당한다. 결국 A는 무죄가 아니라 사문서변조죄에 해당한다. 참고로 사문서변조죄는 5년 이하의 징역 또는 1천만원 이하의 벌금에 처한다.

너머 Law

'문서에 관한 죄'는 '공문서·사문서·전자기록 등 특수매체기록'의 대상에 따라, '위조·변조·자격모용·허위작성'의 방법에 따라, '문서의 작성·작성된 문서의 행사·작성된 문서의 부정행사'의 실행정도에 따라 세부적인 범죄로 구분된다.

'공문서'는 관공서 또는 공무원이 직무에 관하여 작성한 문서이고, '사문서'는 사인명의로 작성된 문서이다.

'위조'는 권한 '없이' 타인의 '명의'를 사칭하여 그 의사표시를 타인이 한 것처럼 문서를 작성하는 것이고, '변조'는 권한 '없이' 이미 진정하게 성립된 티인명의의 문서'내용'에 그 전후 문서가 동일하다고 판단될 정도의 약간의 변경을 하는 것이다. 따라서 만약 이 정도를 넘어서서 새로운 문서를 작성한 것으로 판단될 만큼 변경을 한다면 이는 위조가 된다. '자격모용'은 대리·대표할 권한 '없이' 대리·대표'자격'을 사칭하여 문서를 작성하는 것이다. 한편 '허위작성'은 작성 권한 '있는' 자가 객관적으로 진실하지 않은 '내용'을 기재하는 것이다.

	권한	대상	방법
위조	×	명의	사칭
변조		내용	변경
자격모용		자격	사칭

	권한	대상	방법
허위작성	○	내용	거짓기재

이렇게 작성된 문서를 사용하는 경우로, '행사'란 위조·변조·자격모용·허위작성된 문서를 진짜 문서인 것처럼 사용하는 것이고, '부정행사'란 진정한 문서를 권한 있는 자가 용도 외로 사용하거나 권한 없는 자가 용도 내로 사용하는 것이다.

필자의 Comment

요즘은 종이문서가 거의 전자문서로 대체되었다. 그만큼 문서의 양도 증가되었고 이러한 문서를 위조나 변조할 수 있는 기회나 방법도 증대되었다고 할 것이다. 그런데 그만큼 문서에 관한 죄가 가벼운 범죄가 아니라는 점을 명심할 필요가 있다. 계약서 등에 오타가 있다거나 해서 마음대로 수정했다가 나중에 만약 관계가 틀어졌을 때 이는 상대에게 빌미를 제공하는 것일 수 있다. 좀 귀찮더라도 절차에 따라 확실하게 하는 게 후환이 없다.

참조 판례

대법원 1984. 7. 10. 선고 84도1146 판결
대법원 2007. 3. 15. 선고 2007도169 판결
대법원 1989. 8. 8. 선고 88도2209 판결
대법원 1986. 11. 11. 선고 86도1984 판결
대법원 1985. 1. 22. 선고 84도2422 판결

경찰서장이 총기난동사건 때문에 겁에 질려 경찰서 내에만 머무른 경우 죄가 될까?

'직무유기죄'는 평소에는 그렇게 자주 듣기는 어렵지만 대형참사가 일어나면 빠지지 않고 등장하는 범죄 중 하나이다. 직무유기죄는 공무원만이 저지를 수 있는 범죄이기 때문이다. 직무유기죄는 이러한 공무원이 정당한 이유 없이 그 직무수행을 거부하거나 그 직무를 유기함으로써 성립한다. 그런데 대형참사에서 참사를 예견할 수 있었는데도 경찰이 적절한 조치를 취하지 못하고 미흡한 대처를 한 경우 업무상 과실치사상죄는 성립될 수 있지만 직무유기죄가 인정될 가능성은 거의 없다. 그 이유를 살펴보면서 직무유기죄에 대해 알아보자.

사건의 Zip

Q1 A는 가축도축업체에서 가축검사원으로 일하는 공무원으로서 퇴근시에는 소 계류장 출입문을 자물쇠를 채워 잘 잠그고 봉인해야 하는데 그 관리를 도축장 직원에게 맡겼다. 이에 대해 A는 "문 잠그는 게 어려운 일도 아니어서 도축장 직원들이 그 일을 잘 해낼거라고 생각해서 맡긴 것이지 완전히 그 일을 방치한 것은 아니다."라고 주장하고 있다.
A는 '직무유기죄'에 해당할 것인가?

A1 단순히 문을 잠그는 게 아니고 봉인까지 하도록 한 것은 봉인 전에 소의 상태를 확인하는 등 전반적인 관리를 가축검사원인 A가 하도록 한 것이다. 그런데 A는 그 관리 전체를 도축장 직원에게 맡겼으므로 이는 그 직무를 완전히 방치한 것으로 보아야 한다. 따라서 A는 정당한 이유 없이 직무를 유기한 것으로 보아야 한다. 결국 A는 무죄가 아니라 직무유기죄에 해당한다. 참고로 직무유기죄는 1년 이하의 징역이나 금고 또는 3년 이하의 자격정지에 처한다.

Q2 경찰서장인 A는 자신의 부하인 순경 B가 총기난동사건을 벌이고 있다는 얘기를 전해 듣고 사건 현장에 도착하여 쓰러져 있는 사상자들을 목격하고는 겁에 질려 B의 수색, 검

거 등을 포기하고 경찰서로 돌아와 경찰서 내에서만 머물러 있었는데, 그 사이에 B에 의해 막대한 인명피해가 발생했다. 이에 대해 A는 "당황해서 미흡한 부분이 있었지만 최선을 다했다. 상황 파악 후 피해자 수용대책과 예상도주로 경계 지시도 했다. 또 당시 상황을 상부에 보고하고 지시를 받기도 하였다."라고 주장하고 있다.

A는 '직무유기죄'에 해당할 것인가?

A2 직무유기죄는 직무를 태만히 하는 모든 경우에 성립하는 것이 아니라 주관적으로는 직무를 버린다는 인식과 객관적으로는 직무 또는 직장을 벗어나는 행위가 있어야 성립한다. 따라서 A의 조치가 적절하지 못한 경우이나 이러한 사정만으로 직무유기죄가 성립하지는 않는다. 결국 A는 직무유기죄가 아니라 무죄에 해당한다. 참고로 직무유기죄는 1년 이하의 징역이나 금고 또는 3년 이하의 자격정지에 처한다.

Q3 농지사무를 담당하는 공무원 A는 B가 농지를 불법적으로 다른 용도로 사용하고 있음을 알게 되었음에도 이를 외면하고 아무런 조치를 취하지 않았다. 이후 B가 같은 농지에 대해 일시적으로 다른 용도로 사용할 수 있도록 허가해달라는 신청서를 제출하자 허가하여 주면 안 된다는 사실을 알면서도 이를 허가해주기 위해 허가하여 줌이 타당하다는 취지의 심사의견서 등을 작성하여 결재권자에게 제출하였

다. 이에 대해 A는 "전체적으로 봤을 때 내가 B의 불법행위를 외면한 것은 나중에 심사의견서 등을 작성한 행위에 포함된다고 보아야 한다."라고 주장하고 있다.

A에게 '직무유기죄'가 따로 성립할 것인가?

A3 A가 아무런 조치를 취하지 않은 것은 직무유기죄에 해당한다. 한편 심사의견서 등을 작성할 권한이 있는 A가 거짓 내용을 기재하였으므로 허위공문서작성죄에 해당하고, 이 문서를 결재권자에게 제출하였으므로 허위공문서행사죄에 해당한다. 그런데 공무원이 위법사실을 은폐할 목적으로 허위공문서를 작성, 행사한 경우와는 달리 이러한 목적이 없는 경우에는 허위공문서작성죄 외에 직무유기죄도 별도로 성립한다. 따라서 A가 심사의견서 등을 작성한 것은 B의 신청을 허가하여 주기 위하여 한 것이고 직접적으로 B의 농지의 불법 사용을 은폐하기 위하여 한 것이 아니므로 직무유기죄도 따로 성립한다. 결국 A는 허위공문서작성죄, 허위공문서행사죄만이 아니라 직무유기죄에도 해당한다. 참고로 허위공문서작성죄는 7년 이하의 징역 또는 2천만원 이하의 벌금에 처하고, 허위공문서행사죄는 7년 이하의 징역 또는 2천만원 이하의 벌금에 처하며, 직무유기죄는 1년 이하의 징역이나 금고 또는 3년 이하의 자격정지에 처한다.

Q4 경찰관 A는 B 등 18명의 도박범행사실을 적발하고 그들의 인적사항을 확인하였음에도 이를 상관에게 즉시 보고하는 등 범죄수사에 필요한 조치를 다하지 않고 B 등으로부터 이를 묵인하여 달라는 부탁을 받고 그 도박사실을 발견하지 못한 것처럼 근무일지를 거짓으로 작성하여 이를 비치하고 상관에게 거짓으로 보고하였다. 이에 대해 A는 "직무유기는 근무일지를 거짓으로 작성할 당시부터 그 속에 포함되어 있는 것이니 따로 죄가 되는 게 아니다."라고 주장하고 있다.

A에게 '직무유기죄'가 따로 성립할 것인가?

A4 A가 근무일지를 거짓으로 작성하여 허위공문서작성죄가, 이를 비치하고 상관에게 거짓으로 보고하여 허위공문서행사죄가 성립한다. 그런데 A는 B 등의 도박범행이라는 위법사실을 발견하고도 직무상 의무에 따른 적절한 조치를 취하지 않고 B 등의 부탁을 받고 위법사실을 적극적으로 은폐할 목적으로 근무일지를 거짓으로 작성, 행사하였다. 이러한 경우 직무위배의 위법상태는 근무일지를 거짓으로 작성할 당시부터 그 속에 포함되어 직무유기죄는 따로 성립하지 않는다. 결국 A는 직무유기죄는 아니고 허위공문서작성죄, 허위공문서행사죄에만 해당한다. 참고로 직무유기죄는 1년 이하의 징역이나 금고 또는 3년 이하의 자격정지에 처하고, 허위공문서작성죄는 7년 이하의 징역 또는 2천만원

이하의 벌금에 처하며, 허위공문서행사죄는 7년 이하의 징역 또는 2천만원 이하의 벌금에 처한다.

Q5 형사계장 A는 집단구타 사건 및 그 범행의 축소·은폐를 지시한 범인 B를 검거하라는 지시를 받고서도 그 직무상의 의무에 따른 적절한 조치를 취하지 않고, 오히려 B에게 전화를 걸어 "형사들이 나갔으니 무조건 튀라."고 알려주어 B를 도피하게 하였다. 이에 대해 A는 "범인을 도피시킨 것 한 번만 따져야지 여기에 직무를 제대로 안 했다고 또 죄가 된다고 하면 안 된다."라고 주장하고 있다.
A에게 '직무유기죄'가 따로 성립할 것인가?

A5 A는 범인인 B에게 전화로 도피하라고 권유하여 B를 도피케 하였다. 그런데 이렇게 범인을 도피케 하는 행동도 직무에 위배되는 행동이라는 점은 당연하므로 범인도피행위 속에 직무위배의 위법상태가 포함되어 있는 것으로 보아야 한다. 따라서 이와 같은 경우 직무유기죄는 따로 성립하지 않는다. 결국 A는 직무유기죄는 아니고 범인도피죄에만 해당한다. 참고로 직무유기죄는 1년 이하의 징역이나 금고 또는 3년 이하의 자격정지에 처하고, 범인도피죄는 3년 이하의 징역 또는 500만원 이하의 벌금에 처한다.

너머 Law

'직무유기죄'는 공무원이 정당한 이유 없이 그 직무수행을 거부하거나 그 직무를 유기함으로써 성립하는 범죄이다. 여기서 '직무'는 본래의 직무 또는 고유한 직무를 말하는 것으로 예를 들어 고발의무처럼 단순히 공무원 신분으로 인한 부수적·파생적 직무를 말하는 것이 아니다. 또 법령에 근거가 있거나 특별한 지시·명령에 의한 구체적 직무여야 한다. 그런데 '유기'가 되려면 직무에 대한 의식적 방임·포기·거부가 있어야 한다. 즉 직무의 의식적 포기나 직장의 무단이탈 등 국가기능을 저해하고 국민에게 피해를 야기시킬 구체적 위험성이 있고 불법과 비난의 정도가 높은 경우에만 유기라고 할 수 있다. 다시 말해 직무를 버린다고 생각하며 직무를 벗어나야 직무유기가 성립한다. 따라서 직무집행을 한 이상 설사 법정절차를 준수하지 않았거나 내용이 부실하더라도 이에 해당하지 않는다. 즉 어떠한 형태로든 직무집행의 의사로 자신의 직무를 수행한 경우에는 그 직무집행의 내용이 위법한 것으로 평가된다는 점만으로는 유기가 아니고, 공무원이 태만·바쁨·착각 등으로 직무를 성실히 수행하지 않은 경우나 형식적으로 또는 소홀히 직무를 수행하였기 때문에 성실한 직무수행을 못한 것에 불과한 경우에도 유기가 아니다.

필자의 Comment

직무유기죄는 공무원만이 저지를 수 있는 범죄라는 것과 직무유기죄는 내다 버리고 방치하는 정도에 이르러야 성립한다는 점을 특히 잘 알아두자. 그 정도에 이르지 않으면 보충적 범죄인 1년 이하의 징역이나 금고 또는 3년 이하의 자격정지에 처하는 직무유기죄로는 아니지만, 5년 이하의 금고 또는 2천만원 이하의 벌금에 처하는 업무상 과실치사상죄로는 처벌될 수 있기 때문에 공무원들의 분발을 촉구한다.

참조 판례

대법원 1990. 5. 25. 선고 90도191 판결
대법원 1983. 1. 18. 선고 82도2624 판결
대법원 1993. 12. 24. 선고 92도3334 판결
대법원 1999. 12. 24. 선고 99도2240 판결
대법원 1996. 5. 10. 선고 96도51 판결

공갈하여 택시비 먹튀를 한 경우 공갈죄는 아닌 이유는 뭘까?

우리는 손님이 택시비를 내지 않으려고 목적지에 도착해서 도주했다는 이른바 '택시비 먹튀' 사건을 뉴스를 통해 간간이 접한다. 그런데 단순히 도주만 한 것이 아니라 택시기사를 때리고 도주한 경우라면 이러한 손님의 행위는 공갈행위에 해당한다. 그러나 이 경우 공갈죄는 아니다. 그 이유는 무엇일까?

먼저 '공갈행위'는 폭행 또는 협박으로 공갈을 당하는 사람이 공포심을 느껴 의사결정 및 실행의 자유가 방해되도록 하는 행위를 말한다. 따라서 손님이 택시비 먹튀를 위해 택시기사를 때린 것은 명백히 공갈행위에 해당한다.

그러나 이 경우에 택시기사의 공포심으로 인한 '처분행위'가 없기 때문에 공갈죄는 성립하지 않는다(공갈미수죄는 될 수 있다). 즉 이는 택시기사가 받아야 되는 돈을 'OK. 안 받아도 된다.'고 하는 형태로 재산 처분행위를 하지 않았기 때문이다. 이는 공갈죄와 같이 처분행위가 필요한 사기죄에서 속은 상대방이 속아서 돈을 주는 경우와 처분행위가 필요 없는 절도죄에서 범인이 직접 가져가는 경우의 차이를 생각해보면 쉽게 이해된다. 사기죄에서는 상대방이 속아서이긴 하지만 재산을 처분하는 행위가 있다는 점을 어느 정도 쉽게 생각할 수 있는 반면, 공갈죄의 경우 이를 쉽게 떠올리지 못한다면 이는 '공갈'이라는 어감 때문이지 않을까 한다.

이렇게 처분행위를 필요로 하는 특성으로 인해, 공갈죄는 폭행·협박의 정도에 있어 차이는 있지만 동일하게 '폭행 또는 협박'으로 행해지는 강도죄가 '탈취죄'에 속하는 것과 달리 타인을 속이는 범죄인 '편취죄'에 속하고, 우리 형법에서 '절도와 강도의 죄'가 아니라 별도로 '사기와 공갈의 죄'로 묶이게 되었다.

결론적으로 택시기사는 택시비를 안 받겠다고 하는 등으로 처분행위를 한 적이 없고 손님의 폭행은 단순히 택시비라는 이익 실현에 장애가 되는 정도에 불과하여 공갈죄가 성립하지 않는다. 다만 공갈미수죄에는 해당될 수 있다. 그러나 이를 몰랐다고 너무 자책할 필요는 없어 보인다. 실제 2심에서 공갈죄가 인정되었다가 대법원에서 결론이 뒤집어진 판례가 있기 때문이다.

이처럼 특정 범죄의 경우 그 성립에 피해자의 어떤 행동이나 역할이 요구되는 경우가 있다. 재미(?)있지 않은가?

이 죄일까, 저 죄일까? 셀프 고소할 때 실수하기 쉬운 범죄들

고소가 어떠한 사항에 관한 것인가는 고소장에 기재한 죄명에 구애되는 것이 아니라 고소의 내용에 의하여 결정된다. 그러나 '같은 값이면 다홍치마'라고 고소장에 죄명까지 정확하게 적는 것이 내가 원하는 결과로 이어질 가능성을 높이고 더 빨리 그 결과에 도달하게 해준다는 점은 분명하다. 그런데 문제는 어떠한 행동들은 두 가지 범죄에 모두 해당하는 것처럼 보일 때가 있다는 점에 있다. 그러나 이 문제는 의외로 쉽게 해결될 수 있다. 우리는 이미 모든 범죄에서 그 범죄를 구성하는 요건들의 개념요소들을 분석해 놓았고 이를 통해 비슷해 보이지만 명확히 구분될 수 있는 차이를 발견하여 어떤 범죄에 해당하는지를 판단할 수 있다. 이러한 범죄에 대해 잘 알면 실제로 고소할 때 잘 활용할 수 있는 것은 물론 주변 사람들에게 퀴즈를 내는 등으로 놀 수도 있지 않을까 한다. 지식과 함께 재미와 즐거움도 찾길 바란다.

4부에서는 헷갈려서 실수하기 쉬운 '협박죄 vs 감금죄', '절도죄 vs 사기죄', '절도죄 vs 강도죄', '증거인멸죄 vs 직무유기죄'인 사례를 포함한 여러 사례를 통해 '체포·감금죄', '절도죄', '강도죄', '증거인멸 등 죄'를 다룬다.

협박해서 차에서 내리지 못하게 하면 협박죄일까? 감금죄일까?

'체포·감금죄'는 사람의 신체활동의 자유, 특히 장소 선택의 자유를 보호하기 위한 범죄이다. 이때 자유는 일정한 장소에서 떠날 수 있는 자유이며 또 잠재적 자유를 의미한다. 한편 체포와 감금은 모두 그 수단·방법에 제한이 없기 때문에 폭행이나 협박 등을 하여 체포·감금죄를 저지를 수 있는데 이러한 경우 수단이 된 폭행·협박을 어떻게 처리하게 되는가에 대한 의문이 들 수 있다. 이러한 점을 포함하여 체포·감금죄에 대해 알아보자.

사건의 Zip

Q1 B가 A로부터 강간미수 피해를 입은 후 A의 집에서 나가려 하자 A가 나가지 못하도록 현관에서 거실 쪽으로 B를 밀쳤고, B가 뿌리치고 나와 엘리베이터를 기다리는데 A가 팬티 바람으로 쫓아와 B가 엘리베이터를 탔는데도 B의 팔을 잡고 끌어내리려고 해서 이를 뿌리쳤고, A가 닫히는 엘리베이터 문을 손으로 막으며 들어오려고 하자 B가 버튼을 누르고 손으로 A의 가슴을 밀어내었다. 이에 대해 A는 "잠깐 동안의 실랑이일 뿐이다."라고 말하고 있다.

A는 '체포죄'에 해당할 것인가?

A1 체포죄의 체포는 사람의 신체에 대하여 직접적이고 현실적인 구속을 가하여 신체활동의 자유를 박탈하는 행동을 의미하는 것으로서 그 수단과 방법을 불문한다. 체포는 확실히 사람의 신체의 자유를 구속한다고 인정할 수 있을 정도로 시간적으로 계속되어야 하나, 체포의 고의를 가지고 타인의 신체적 활동의 자유를 현실적으로 침해하는 행동으로 체포죄가 개시된다. 그런데 A의 행동으로 B의 신체활동의 자유가 침해되기 시작했지만 이러한 상태가 계속되지는 않았다. 결국 A는 체포죄가 아니라 체포미수죄에 해당한다. 참고로 체포죄는 5년 이하의 징역 또는 700만원 이하의 벌

금에 처하는데, 체포미수죄의 형은 이보다 감경할 수 있다.

※ 강간미수죄는 논외로 한다.

Q2 채권자 A 등이 공사의 일부씩을 2·3중으로 하도급한 현장 소장 B를 만나 그 채무관계 해결을 위하여 여관에 데리고 가 B는 8일간 A와 같이 지내게 되었다. 그동안 여관에서 B에 대한 A의 폭행이 여러 차례 있었으나 B의 처 등이 그 여관에 왕래하였고 또 A와 B는 술을 먹으러 가기도 하고 여관에서 3~4일 지난 뒤에는 채무관계의 해결을 위하여 시내에 있는 건설회사 사무실에 거의 매일 B 및 그 채권자들이 가서 수 시간씩 있었다. 이에 대해 A는 "처도 오고 술도 마신 상황이니 B의 자유에 아무런 제약도 없었다."라고 주장하고 있다.

A는 '중감금죄'에 해당할 것인가?

A2 감금죄는 사람이 특정한 구역에서 나가는 것을 불가능하게 하거나 또는 매우 곤란하게 하는 죄로서 이는 물리적·유형적 장해뿐만 아니라 심리적·무형적 장해에 의하여서도 가능하고 반드시 전면적으로 행동의 자유가 박탈되어야 할 필요가 없으므로 감금된 특정구역 내부에서 일정한 생활의 자유가 허용되어 있었다고 하더라도 감금죄가 성립한다. 한편 감금하여 가혹행위를 한 경우 중감금죄가 성립한다. 따라서 A는 B의 행동의 자유에 제약을 가한 상태에서 가혹행

위에 해당하는 폭행을 하였다. 결국 A는 폭행죄가 아니라 중감금죄에 해당한다. 참고로 폭행죄는 2년 이하의 징역, 500만원 이하의 벌금, 구류 또는 과료에 처하고, 중감금죄는 7년 이하의 징역에 처한다.

Q3 정신병원장 A는 자의로 입원한 환자 B로부터의 여러 차례 퇴원 요구에도 B를 퇴원시키지 않고 계속 폐쇄병동에 입실시켰다. 한편 관련법에 따르면 이러한 경우 지체 없이 퇴원 등을 시켜야 한다고 하고 있다. 이에 대해 A는 "문제없이 입원한 B의 퇴원 절차에 일부 미흡한 점이 있었을 뿐이다." 라고 말하고 있다.

A는 '감금죄'에 해당할 것인가?

A3 A는 관련법에 따라 B를 퇴원시켜야 할 의무가 있음에도 관련법에 정해진 절차를 밟지 않은 채 방치하였다. 감금은 이러한 방법(부작위)으로도 저지를 수 있으므로 A의 행동은 위법한 감금행위이다. 결국 A는 무죄가 아니라 감금죄에 해당한다. 참고로 감금죄는 5년 이하의 징역 또는 700만원 이하의 벌금에 처한다. ※ 이는 관련법(정신건강증진 및 정신질환자 복지서비스 지원에 관한 법률) 위반죄에도 해당하나 이는 논외로 한다.

Q4 A는 여성 B의 신고로 형사처벌을 받은 것에 불만을 품고 이를 보복하기 위하여 B에게 "자동차에 타지 않으면 가만

있지 않겠다."고 협박하면서 B를 자동차 뒷좌석에 강제로 밀어 넣어 앉히고 B가 내려 달라고 애원했으나 내려주지 않고 자동차를 약 20분간 운전하였다. 이에 대해 A는 "협박은 수단에 불과하니 감금에 모두 포함된 걸로 봐야 한다."라고 말하고 있다.

A는 '감금죄' 외에 '협박죄'에도 해당할 것인가?

A4 감금을 하기 위한 수단으로서의 단순한 협박은 감금죄에 흡수되어 따로 협박죄가 성립하는 것이 아니다. 결국 A는 협박죄는 아니고 감금죄에만 해당한다. 참고로 협박죄는 3년 이하의 징역, 500만원 이하의 벌금, 구류 또는 과료에 처하고, 감금죄는 5년 이하의 징역 또는 700만원 이하의 벌금에 처한다.

Q5 A는 돈을 뺏을 생각으로 B를 강제로 승용차에 태우고 가던 중 주먹으로 B를 때려 돈을 뺏고 B에게 상처를 입혀 강도상해의 범행을 저지른 뒤에도 B를 태우고 계속하여 약 15km를 운전하여 갔다. 이에 대해 A는 "나는 B에게서 돈만 뺏었을 뿐이다."라고 말하고 있다.

A는 '강도상해죄' 외에 '감금죄'에도 해당할 것인가?

A5 감금이 단순히 강도상해 범행의 수단이 되는 데 그치지 않고 강도상해의 범행이 끝난 뒤에도 계속된 경우에는 감금

죄와 강도상해죄가 따로 모두 성립한다. 결국 A는 강도상해죄 외에 감금죄에도 해당한다. 참고로 강도상해죄는 무기 또는 7년 이상의 징역에 처하고, 감금죄는 5년 이하의 징역 또는 700만원 이하의 벌금에 처한다.

너머 Law

'체포·감금죄'에서 체포·감금의 수단·방법에는 제한이 없다. 따라서 마취를 한다거나 경찰관을 사칭해 연행하는 방법으로도 체포가 가능하고, 목욕중인 사람의 옷을 숨겨 나오지 못하게 하는 경우나 지붕에 올라간 사람의 사다리를 치우는 경우도 감금이다. 또 스스로 하지 않고 거짓신고를 하는 등으로 체포·구속되게 하는 형태로도 가능하다. 이러한 유형적·무형적 방법 이외에 예를 들어 실수로 방에 사람이 있는지 모르고 방문을 잠근 후에 안 경우나 정신질환자를 법에 따라 적법하게 입원시킨 후 다시 법에 따라 퇴원을 시켜줘야 하는 경우처럼 감금상태에서 해방시켜줘야 할 의무가 있는 사람이 이를 하지 않는 형태로도 가능하다(이를 '부작위'라 한다). 한편 어느 정도 자유가 있을지라도 전체적으로 보아 신체활동의 자유가 없다고 인정되면 체포·감금이 된다. 체포·감금죄는 고의를 가지고 타인의 신체활동의 자유를 현실적으로 침해하는 행위로 개시되는데, 이러한 침해가 일정시간 계속되어야 기수(범죄의 완성)에 이르고, 이 정도에 이르지 못하고 일시적 자유박탈에 그친 경우에는 이 죄의 미수(범죄의 미완성)범이 성립할 뿐이다. 이 죄는 잠재적 활동의 자유를 보호하므로 피해자가 자유박탈을 인식했는지 여부에 관계없이 객관적으로 이를 침해한 사실이 있으면 이 죄가 성립한다고 보는게 타당하다.

필자의 Comment

'미안하다, 사랑한다'라는 드라마는 "차 세워 빨리!" / "밥 먹을래? 나랑 잘래?" / "창문 열고 뛰어내린다!" / "밥 먹을래? 나랑 살래? 밥 먹을래? 나랑 같이......죽을래?"라는 명장면으로 기억된다. 문제는 이게 전형적인 감금의 경우에 해당할 수 있다는 점이다. 드라마는 드라마일뿐이다. 또 빚을 받아내려는 과정 등에서 체포·감금죄가 성립할 수 있다. 이렇게 결코 멀리 있는 범죄가 아니고 어느 정도 자유가 주어졌을지라도 성립하는 범죄이므로 조심하자.

참조 판례

대법원 2018. 2. 28. 선고 2017도21249 판결
대법원 1984. 5. 15. 선고 84도655 판결
대법원 2017. 8. 18. 선고 2017도7134 판결
대법원 1982. 6. 22. 선고 82도705 판결
대법원 2003. 1. 10. 선고 2002도4380 판결

축의금을 접수인인 것처럼 속여 가로챈 경우 절도일까? 사기일까?

'절도죄'는 타인이 점유하는 타인의 재물을 절취함으로써 성립하는 범죄이다. '재물'에는 물건 이외에 관리할 수 있는 동력도 포함되는데, 이는 물리적 관리가 가능한 자연적 에너지를 말하므로 권리나 전파, 정보 따위는 재물이 아니지만 전기는 재물에 해당되어 전기를 무단사용하면 절도죄가 성립한다. 재물은 주관적 가치나 소극적 가치만 있으면 충분하므로 '발행자가 찢어버린 약속어음'도 훔쳐 가면 타인에 의해 이용되지 않는다는 가치를 침해한 것이 되어 절도죄가 성립한다. '점유'의 경우 강간 피해자가 현장에 놓아둔 손가방에 대해 여전히 피해자에게 점유가 인정되는 것처럼 점유 개념이 확대되는 경우도 있고 손님이 귀금속을 건네받았더라도 구입 전이라면 피해자인 주인의 점유가 인정되는 것처럼 점유 개념이 축소되는 경우도 있다. 그러면 절도죄를 깊숙이 파고 들어가 보자.

사건의 Zip

Q1 임차인 A가 임대계약 종료 후 식당건물에서 나가면서 종전부터 사용하던 냉장고의 전원을 켜 둔 채 그대로 두었다가 약 1개월 후 철거해 가는 바람에 그 기간 동안 전기가 소비되었다. 이에 대해 A는 "내가 관리하던 냉장고로 전기를 쓴 게 훔친 거냐?"라고 말하고 있다.

A는 '절도죄'에 해당할 것인가?

A1 절도죄의 대상은 타인소유, 타인점유의 재물인데, 임차인 A가 퇴거 후에도 전원을 연결한 채 그대로 둔 이상 그대로 냉장고를 점유·관리하고 있었다고 보아야 하므로 이는 당초부터 자기의 점유·관리하에 있던 전기를 사용한 것일 뿐 타인의 점유·관리하에 있던 전기를 사용한 것이라 할 수는 없다. 또 A에게 절도의 고의도 없었다. 결국 A는 절도죄가 아니라 무죄에 해당한다. 참고로 절도죄는 6년 이하의 징역 또는 1천만원 이하의 벌금에 처한다.

Q2 A는 결혼예식장에서 신부측 축의금 접수인인 것처럼 행세하여 B로부터 축의금을 받아 가로챘다. 이에 대해 A는 "가로챈 거니까 절도 아닌가?"라고 말하고 있다.

A는 '절도죄'에 해당할 것인가? '사기죄'에 해당할 것인가?

A2 B는 신부측에 전달하라는 것일 뿐 A에게 그 처분권을 주는 것이 아니므로, A가 축의금을 가져간 것은 신부측 접수처의 점유를 침탈한 절취행위이다. 결국 A는 사기죄가 아니라 절도죄에 해당한다. 참고로 사기죄는 10년 이하의 징역 또는 2천만원 이하의 벌금에 처하고, 절도죄는 6년 이하의 징역 또는 1천만원 이하의 벌금에 처한다.

Q3 A는 야간에 손전등과 박스 포장용 노끈을 이용하여 도로에 주차된 차량의 문을 열고 현금 등을 훔칠 생각으로 차량의 문이 잠겨 있는지 확인하기 위해 양손으로 운전석 문의 손잡이를 잡고 열려고 하던 중 경찰관에게 발각되었다. 이에 대해 A는 "야간에 도로에 있는 차는 보통 잠겨 있고 풀기도 어려우므로 절도는 시작되지도 않은 경우이다."라고 주장하고 있다.

A는 '절도미수죄'에 해당할 것인가?

A3 A는 차량 내의 재물을 훔칠 목적으로 차량 내에 침입하려는 행동을 시작한 것으로 볼 수 있고, 그로써 차량 내에 있는 재물에 대한 피해자의 사실상의 지배(점유)를 침해하는 데에 밀접한 행동이 개시된 것으로 보아 절도죄의 실행에 착수(범죄에 해당하는 행동을 시작)한 것이다. 결국 A는 무죄가 아니라 절도미수죄에 해당한다. 참고로 절도죄는 6년 이하의 징역 또는 1천만원 이하의 벌금에 처하는데, 절도미수죄

의 형은 이보다 감경할 수 있다.

Q4 A는 길에 세워놓은 자동차 안에 있는 물건을 훔칠 생각으로 자동차의 유리창을 통하여 그 내부를 손전등으로 비추어 보았다. 이때 A가 유리창을 따기 위해 면장갑을 끼고 칼을 소지하고 있었다는 점이 밝혀졌다. 이에 대해 A는 "훔치는 건 시작도 안 했다."라고 말하고 있다.
A는 '절도미수죄'에 해당할 것인가?

A4 비록 면장갑을 끼고 칼이 있었다 하더라도 A의 행동은 절도의 예비행위에 불과하고 타인의 재물에 대한 지배를 침해하는데 밀섭한 행동을 한 것이라고는 볼 수 없어 절취행위의 착수(시작)에 이른 것이었다고 볼 수 없다. 그런데 절도예비는 처벌 규정이 없어 처벌되지 않는다. 결국 A는 절도미수죄가 아니라 무죄에 해당한다.

Q5 A는 B가 운영하는 카페에서 야간에 아무도 없는 그곳 내실에 침입하여 장식장 안에 들어 있던 정기적금통장, 도장, 현금 2만 원을 꺼내서 들고 카페로 나오던 중 발각되어 돌려주었다. 이에 대해 A는 "훔치는데 실패했으니 미수다."라고 주장하고 있다.
A는 '야간주거침입절도미수죄'에 해당할 것인가?

A5 야간에 주거에 침입한 경우이므로, 야간주거침입절도의 미수(범죄의 미완성)인지 기수(범죄의 완성)인지가 문제된다. 그런데 A는 B의 재물에 대한 점유를 침해하여 일단 자신의 지배 내에 옮겼으므로 절도의 미수에 그친 것이 아니다. 범죄가 일단 성립하였으므로 이후 다시 돌려준 행위는 범죄의 성립에 영향을 미치지 않는다. 결국 A는 야간주거침입절도미수죄가 아니라 야간주거침입절도죄에 해당한다. 참고로 야간주거침입절도죄는 10년 이하의 징역에 처하는데, 야간주거침입절도미수죄의 형은 이보다 감경할 수 있다.

너머 Law

'절도죄'는 타인이 갖고 있는 타인의 물건을 훔치는 것이다. 여기서 타인이 갖고 있다는 것(타인점유)은 법적인 관점에서 판단하게 된다. 따라서 점유자가 반드시 직접 소지하거나 항상 감시하고 지켜야 하는 것은 아니다. 주차시켜둔 자동차나 논에 두고 온 농기구처럼 정신적 점유가 있는 경우, 분실한 물건이라도 어디 있는지 알아서 다시 찾아올 수 있는 경우에는 점유의 개념이 확대되어 점유가 인정된다. 반대로 식당에서 손님이 사용 중인 식기나 숙박 시설의 손님에게 제공된 침구처럼 점유의 개념이 축소되어 손님의 점유가 부정되고 주인의 점유가 인정되는 경우도 있다. 타인의 물건(타인소유)인지는 기본적으로 민법에 의한다. 훔치는 것(절취)은 점유자의 의사에 반한(거스른) 점유배제와 새로운 점유취득을 그 내용으로 하는데, 속여서 훔치는 것도 가능하다. 이때 점유가 점유자의 의사와 행위로 속인 자에게 넘어간 경우 사기죄가 되지만, 속인 자가 별도 행위로 재물을 가져간 경우 절도죄가 된다.

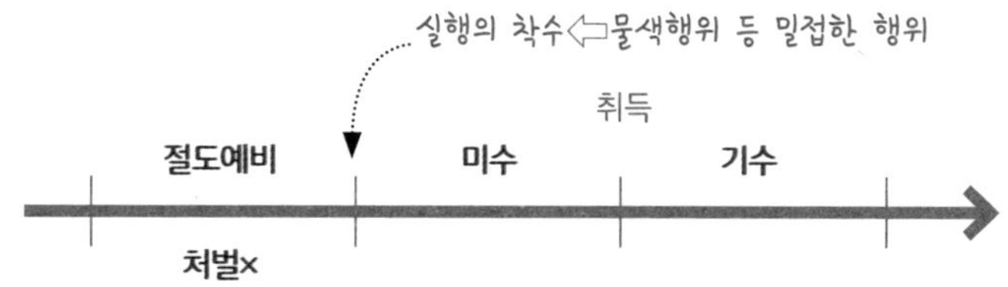

절도죄는 그 실현 정도에 따라 처벌규정이 없어 처벌되지 않는 절도예비, 범죄의 미완성단계인 미수, 범죄의 완성단계인 기수가 된다. 여기서 '실행의 착수(범죄에 해당하는 행동을 시작하는 것)'는 예비와 미수를 구별하는 기준이 된다. 절도죄의 경우 훔칠 물건의 '물색행위'를 시작하는 등 점유를 침해하는 데에 '밀접한 행위'를 시작하면 실행에 착수한 것으로 보는데, 예를 들어 가방으로 돈이 들어 있는 피해자의 주머니를 스쳐 지나간 경우는 실행의 착수에 이른 것이라고 볼 수 없어 절도예비로 처벌되지 않지만, 주머니에 손을 뻗쳐 그 겉을 더듬은 경우는 실행에 착수한 것으로 절도미수죄로 처벌된다. 절도죄는 재물을 취득한 때에 기수가 된다. 따라서 '도둑이야!' 하는 고함소리에 당황하여 물건을 훔쳐 가지고 나오다가 떨어뜨리거나 던진 채 달아난 경우도 절도의 기수이고 미수가 아니다.

필자의 Comment

행위자에게 반환청구권이 있어도 점유자의 승낙 없이 물건을 가져가면 절도죄가 성립한다는 점을 알아두자. 즉 약정된 기일에 대금을 주지 않으면 물건을 회수해 가도 된다는 약정에 따라 대금을 주지 않아서 회수한 경우 또는 받을 돈이 있어서 돈을 가져간 경우 모두 그 점유자의 승낙 없이 가져갔다면 절도죄가 성립한다. 따라서 반환청구권이 있다면 점유자의 승낙을 받거나 소송 등 법이 정한 절차와 방법으로 물건을 가져가야 한다.

참조 판례

대법원 2008. 7. 10. 선고 2008도3252 판결
대법원 1996. 10. 15. 선고 96도2227, 96감도94 판결
대법원 2009. 9. 24. 선고 2009도5595 판결
대법원 1985. 4. 23. 선고 85도464 판결
대법원 1991. 4. 23. 선고 91도476 판결

약으로 잠들게 한 후 돈을 가져가면 절도일까? 강도일까?

'강도죄'는 타인의 재물을 그 의사에 반하여(거슬러) 탈취한다는 점에서 절도죄와 동일하나 특히 폭행·협박을 수단으로 한다는 점에서 이를 수단으로 하지 않는 절도죄와 다르다. 한편 강도죄는 폭행·협박을 수단으로 한다는 점에서 공갈죄와 동일하나 그 정도에 있어 공갈죄는 공포심을 생기게 할 정도이면 되는 것에 반해 강도죄는 반항을 억압할 수 있을 정도여야 하고, 공갈죄는 이러한 공포심으로 인한 하자(흠)가 있는 의사이기는 하지만 타인의 의사에 의하는 경우이나 강도죄는 타인의 의사에 반하는 경우라는 점에서 차이가 있다. 강도죄는 폭행·협박을 수단으로 하므로 그 처벌을 통해 재산권 이외에 신체나 개인의 자유도 보호하는 범죄이다. 즉 강도죄는 재산범죄와 폭행·협박죄가 결합된 범죄이다. 강도죄는 타인소유·타인점유의 재물 또는 재산상의 이익을 대상으로 한 범죄이다. 그러면 강도죄를 자세히 살펴보자.

사건의 Zip

Q1 A는 당시 자신이 입원해 있던 병실에서 자신과 룸살롱을 동업한 적이 있는 B를 전화로 불러 오게 한 다음 가슴에 품고 있던 식칼을 B의 목에 들이대고 "룸살롱을 경영하면서 손해를 보았으니 나의 채권자인 C에게 2천만 원을 지급한다는 내용의 지불각서를 쓰라."라고 협박하다가 피해자가 망설인다는 이유로 식칼로 B의 오른쪽 어깨를 1회 찔러 반항을 불가능케하고 B로 하여금 위와 같은 취지의 지불각서 1매를 쓰게 한 다음 이를 취득하였다. 이에 대해 A는 "지불각서가 무효이므로 나는 재산상의 이익을 얻은 것이 없다." 라고 주장하고 있다.

A는 '강도상해죄'에 해당할 것인가?

A1 강도죄의 대상인 재산상의 이익은 재물 이외의 재산상의 이익을 말하는 것으로 적극적 이익(적극적 재산의 증가)이든 소극적 이익(소극적 부채의 감소)이든 상관없고, 강도상해죄의 성립에는 이미 상해라는 결과가 발생했기 때문에 강도범행의 기수(범죄의 완성)나 미수(범죄의 미완성) 여부도 불문한다. 또한 재산상의 이익은 반드시 사법상 유효한 재산상의 이득만을 의미하는 것이 아니고 외견상 재산상의 이득을 얻을 것이라고 인정할 수 있는 사실관계만 있으면 된다. 따라서 지불

각서가 민법상 무효 또는 취소할 수 있는 것일지라도 A는 폭행·협박으로 채무를 면한다는 재산상 이익을 얻고 그 과정에서 B에게 상해를 입힌 것이다. 결국 A는 상해죄가 아니라 강도상해죄에 해당한다. 참고로 상해죄는 7년 이하의 징역, 10년 이하의 자격정지 또는 1천만원 이하의 벌금에 처하고, 강도상해죄는 무기 또는 7년 이상의 징역에 처한다.

Q2 A는 부산발 서울행 우등열차 객실에서 44세 여성 B와 동석하게 되어 미리 소지한 중독성 있는 약을 오렌지쥬스에 섞은 뒤 B에게 마시도록 권유하여 B가 이를 받아 마시고 깊은 잠에 빠지자 B 소유의 가방 속에서 현금 50만 원을 꺼내어 달아났다. 이에 대해 A는 "폭행하거나 협박하지 않고 그냥 훔쳐 간 것뿐이다."라고 말하고 있다.

A는 '절도죄'에 해당할 것인가? '강도죄'에 해당할 것인가?

A2 강도죄의 '폭행'에 있어 강제작용의 수단은 불문하므로 폭력 행사 이외에 마취제·수면제·술 등으로 반항이 불가능한 상태로 만드는 것도 이에 해당한다. 따라서 A가 약을 먹여 B가 잠든 것은 폭행에 해당한다. 결국 A는 절도죄가 아니라 강도죄에 해당한다. 참고로 절도죄는 6년 이하의 징역 또는 1천만원 이하의 벌금에 처하고, 강도죄는 3년 이상의 유기징역에 처한다. ※ B에게 약물중독 증상이 있었던 것이 아니라 단지 잠든 것일 뿐이므로 이를 상해로 보기는 어렵고 따라서 강도상해죄가 성

립하지는 않는다.

Q3 A 등 3인은 B로부터 돈을 받기로 하고 B가 C에게 도박자금으로 빌려줬으나 받지 못한 돈 문제를 해결해 주기로 하였다. 이에 A 등은 C를 대낮에 승합차에 강제로 태워 인근 공동묘지로 가면서 "돈을 갚지 않으면 풀어줄 수 없다."는 등의 말을 하였다. 그런데 그 공동묘지는 큰길에서 가깝고 인적도 있는 장소이며, A 등은 가는 도중 C의 요구에 따라 캔 맥주를 사 주고 고모를 대면시켜 주었으며 돈을 받고 받았다는 취지의 확인서를 작성해 주었다. 이에 대해 A는 "약간의 위협만 했다."라고 말하고 있다.

A는 '특수강도죄'에 해당할 것인가?

A3 A 등 3인이 합동해서 하였으므로 특수강도죄가 문제되는데 특수강도죄가 성립하려면 그 전제로 강도죄에 해당하여야 한다. 그런데 범행 시각이 대낮이고, 범행 장소가 큰길에서 가깝고 인적도 있는 등 그 자체로 공포심을 불러일으키는 장소도 아니며, B가 캔 맥주를 마시고 고모와 대면하였으며 확인서도 받았고, 일부 협박이 있었으나 물리력은 행사되지 않았다는 점에서 사회통념상 객관적으로 상대방의 반항을 억압하거나 반항을 불가능하게 할 정도에 이르렀다고 볼 수 없어 강도죄가 성립하지 않는다. 그러나 이는 사람의 의사결정과 행동의 자유를 제한하는 정도에는 이르렀으

므로 공갈죄의 폭행·협박에는 해당되고, 3인 정도를 특수공갈죄에서 말하는 '다중(많은 사람)의 위력'을 보인 것이라고는 할 수 없어 특수공갈죄는 아니나 2명 이상이 공동하여 공갈죄를 저지른 경우에는 해당되므로 폭력행위 등 처벌에 관한 법률 위반(공갈)죄에 해당한다. 결국 A는 특수강도죄가 아니라 폭력행위 등 처벌에 관한 법률 위반(공갈)죄에 해당한다. 참고로 특수강도죄는 무기 또는 5년 이상의 징역에 처하고, 공갈죄는 10년 이하의 징역 또는 2천만원 이하의 벌금에 처하는데, 폭력행위 등 처벌에 관한 법률 위반(공갈)죄는 공갈죄에서 정한 형의 2분의 1까지 가중한다. ※ 승합차에 강제로 태웠으므로 감금죄에 해당할 수 있으나 이는 논외로 한다.

Q4 A는 B를 강간하였고 B는 도피하면서 현장에 손가방을 놓고 갔다. 잠시 후 다시 현장에 온 A는 손가방을 발견하고 그 안에 들어 있던 돈을 꺼내 갔다. 이에 대해 A는 "그냥 떨어져 있는 돈을 주웠으니 강도가 아니다."라고 주장하고 있다. A는 '강도죄'에 해당할 것인가?

A4 A가 강간을 위한 폭행·협박을 하여 B는 반항이 억압된 상태에 있었고 이를 이용하여 돈을 가져갔기 때문에 '강도죄'에 해당하는지가 문제된다. 그러나 A는 강간 당시에는 강도의 의사가 없었고 강간행위가 종료된 후 손가방을 발견한 때 이를 취득하려고 한 것이고 따라서 폭행·협박이 돈을 취

득하는 수단이 되지 않았으므로 강도죄가 성립하지 않는다. 한편 손가방은 B가 버리거나 잃어버린 물건이 아니므로 점유 개념이 확대되는 경우로 사회통념상 B의 지배하에 있는 물건이라고 보아야 하고 따라서 현장에 놓아두고 간 손가방은 점유이탈물이 아니므로 점유이탈물횡령죄도 성립하지 않는다. 결국 A는 강도죄나 점유이탈물횡령죄가 아니라 절도죄에 해당한다. 참고로 강도죄는 3년 이상의 유기징역에 처하고, 점유이탈물횡령죄는 1년 이하의 징역이나 300만원 이하의 벌금 또는 과료에 처하며, 절도죄는 6년 이하의 징역 또는 1천만원 이하의 벌금에 처한다. ※ 강간죄는 논외로 한다.

Q5 A는 1시경 B의 집에 찾아와 B로부터 돈을 빼기로 마음먹고 방안에 있던 길이 약 25cm 가량의 과도를 B의 어깨에 들이대고 "돈이 얼마 있느냐. 통장에는 돈이 있느냐."라고 말하고 B가 돈이 없다고 하자 B를 그 집에서 멀리 떨어진 여관방으로 강제로 끌고 가 문을 잠근 후 B에게 계속하여 돈을 요구하면서 주먹으로 얼굴을 5, 6회 가량 때리고, 오른발로 허벅지를 3회 가량 때린 다음, 같은 날 19시경 다른 장소에 있는 식당에서 B로부터 35만 원을 받았다. 이에 대해 A는 "돈을 받을 때는 때리지 않았으니 강도가 아니다."라고 주장하고 있다.

A는 '특수강도죄'에 해당할 것인가?

A5 A가 야간에 B의 집에 들어간 경우라는 점 및 흉기를 휴대했다는 점에서 특수강도죄가 문제된다. 강도죄에서 폭행·협박은 빼앗기 위한 수단이어야 하므로 양자 사이에는 인과관계가 있어야 한다. 즉 폭행·협박으로 피해자의 의사가 억압되어 반항이 불가능한 상태에서 피해자의 의사에 반하여(거슬러) 빼앗아야 한다. 그런데 A가 B를 폭행·협박한 후 상당한 시간이 지난 후에 다른 장소에서 B가 돈을 준 것이므로 이때까지 A의 폭행·협박으로 인한 B의 의사 억압 상태가 계속되었다고 볼 수 없고 B가 돈을 줄 당시 다시 A의 폭행·협박이 있었던 것도 아니므로 B가 돈을 준 것은 B의 의사에 반하여 반항이 불가능한 상태에서 이뤄진 것이 아니라 B의 하자(흠)가 있는 의사에 따른 것이다. 따라서 A가 돈을 받긴 했지만 이는 특수강도가 완전히 성공한 결과로 볼 수 없으므로 결론적으로 특수강도죄의 미수에 해당된다. 결국 A는 특수강도죄가 아니라 특수강도미수죄에 해당한다. 참고로 특수강도죄는 무기 또는 5년 이상의 징역에 처하는데, 특수강도미수죄의 형은 이보다 감경할 수 있다.

너머 Law

'강도죄'는 폭행·협박으로 타인의 재물·재산상의 이익을 강제로 빼앗는(강취) 범죄이다. '재산상의 이익'이란 재물 이외의 모든 재산적 가치 있는 이익을 말한다. 따라서 재산의 증가와 같은 적극적 이익, 부채의 감소와 같은 소극적 이익, 채무면제와 같은 영구적 이익, 채무이행의 연기와 같은 일시적 이익이 모두 이에 해당한다.

또 재산상의 이익은 반항을 불가능하게 하거나 반항을 억압할 정도의 폭행·협박을 그 요건으로 하는 강도죄의 성질상 피해자의 의사표시는 무효이거나 취소가 가능한 경우가 보통일 것이므로 반드시 법적으로 유효한 재산상의 이득만을 의미하는 것이 아니고 외견상 재산상의 이득을 얻을 것이라고 인정할 수 있는 사실관계만 있으면 된다.

강도죄의 '폭행'은 직접이든 간접이든 사람에 대한 것이어야 한다. 따라서 단순히 물건에 물리력을 가하는 것은 강도죄의 폭행이 아니나 핸드백을 날치기하는 과정에서 피해자가 놓지 않고 버티는데도 강제로 빼앗아간 경우처럼 직접 물건에 물리력을 가한 행위가 간접적으로 사람에게 작용하는 경우는 강도죄의 폭행이다. 강제작용의 수단은 불문하므로 폭력 행사 이외에 마취제·수면제·술 등으로 반항이 불가능한 상태로 만드는 것도 강도죄의 폭행에 해당한다. 강도죄의 '협박'은 손해를 줄 것처럼 말하거나 행동하여 상대방에게 공포심을 일으키는 것을 말한다. 이러한 '폭행·협박'은 상대방의 반항을 억압하거나 불가능하게 할 정도에 이르러야 하고, 이에 이르지 못하면 공갈죄에 해당할 수 있을 뿐이다. 폭행·협박은 '재물강취(강제취득)'의 수단이어야 하므로 강취 전에 행해져야 한다.

필자의 Comment

돈을 받을 수 있는 권리자가 폭행·협박으로 돈을 받아낸 경우에도 강도죄가 성립하고 이는 단순히 폭행·협박만 한 경우에 비해 매우 무겁게 처벌된다. 즉, 폭행죄는 2년 이하의 징역, 500만원 이하의 벌금, 구류 또는 과료에 처하고, 협박죄는 3년 이하의 징역, 500만원 이하의 벌금, 구류 또는 과료에 처하는 반면 강도죄는 3년 이상의 유기징역에 처하게 되어 있는 것이다. 권리가 있는 경우라서 강도죄가 쉽게 연상되지 않을 수 있으니 특히 조심해야 한다.

참조 판례

대법원 1994. 2. 22. 선고 93도428 판결
대법원 1984. 12. 11. 선고 84도2324 판결
대법원 2001. 3. 23. 선고 2001도359 판결
대법원 1984. 2. 28. 선고 84도38 판결
대법원 1995. 3. 28. 선고 95도91 판결

경찰이 증거물을 압수한 후 아무 조치 없이 돌려주면 증거인멸일까? 직무유기일까?

'증거인멸 등 죄'에 대해 많은 분이 오해하거나 착각하고 있을 수 있는 얘기를 먼저 한다. 예를 들어 살인범이 살인에 사용한 흉기를 없애버린 경우 증거인멸죄가 성립할까? 이러한 질문을 한 자체로 눈치챘겠지만 정답은 '아니다'이다. 증거인멸 등 죄의 '증거'는 '타인의 형사사건 또는 징계사건에 관한 증거'를 말하기 때문에 자기의 형사사건에 관한 증거는 이 죄의 대상이 아니기 때문이다. 그러면 자기의 형사사건에 관한 증거를 다른 사람에게 없애라고 시킨 경우는 어떻게 될까? 증거인멸죄와 직무유기죄의 관계는 어떻게 될까? 여러 의문에 대한 답을 포함하여 증거인멸 등 죄를 세세하게 들여다보자.

사건의 Zip

Q1 항만청 직원 A와 B는 검찰로부터 선박침몰사건 관련서류의 제출을 요구받자, 선장으로부터 정원초과운항확인서를 받았으면서도 아무런 조치를 취하지 않은 사실로 처벌받을 것을 두려워하여 그 정원초과운항확인서를 몰래 빼내어 불태운 후, 선박의 안전점검을 실시하지 않은 채 이를 실시한 것처럼 여객안전점검표를 작성하여 사무실에 비치하였다. 이에 대해 A는 "나의 이익을 위한 것이니 자기 증거인멸일 뿐이다."라고 주장하고 있다.

A는 '증거인멸죄'에 해당할 것인가?

A1 증거인멸 등 죄의 증거는 '타인'의 사건에 관한 증거를 말한다. 그런데 자신이 직접 형사처분이나 징계처분을 받게 될 것을 두려워한 나머지 자기의 이익을 위하여 그 증거가 될 자료를 인멸한 경우 그 행위가 동시에 다른 공범자나 공범자 아닌 자의 증거를 인멸한 결과가 된다고 하더라도 이는 타인의 증거가 아니다. 따라서 정원초과운항확인서는 A 자기의 증거임과 동시에 공범자인 B의 증거인 경우에 해당되어 증거인멸죄는 성립하지 않는다. 결국 A는 증거인멸죄가 아니라 무죄에 해당한다. 참고로 증거인멸죄는 5년 이하의 징역 또는 700만원 이하의 벌금에 처한다. ※ 공용서류손상죄,

허위공문서작성·행사죄는 성립하나 이는 논외로 한다.

Q2 A는 자신에 대한 형사사건의 증거가 될 석유난로를 감추려고 B를 시켜 이를 숲속에 버리게 하였다. 이에 대해 A는 "내 사건의 증거를 감춘 것뿐이니 B에게 시켰다고 해서 증거은닉죄의 교사범이 성립하지 않는다."라고 주장하고 있다.
A는 '증거은닉교사죄'에 해당할 것인가?

A2 타인을 교사하여 자기의 형사사건에 관한 증거를 은닉하게 한 경우로, A가 직접 은닉한 경우는 증거은닉죄가 성립하지 않는데 이를 B에게 시킨 경우에 증거은닉교사죄는 성립하는지가 문제된다. 그런데 자신의 형사사건에 관한 증거은닉을 위하여 타인에게 도움을 요청하는 행위 역시 원칙적으로 처벌되지 않으나, 다만 그것이 방어권의 남용이라고 볼 수 있을 때는 증거은닉교사죄로 처벌할 수 있다. 결국 A는 무죄가 아니라 증거은닉교사죄에 해당한다. 참고로 증거은닉교사죄는 5년 이하의 징역 또는 700만원 이하의 벌금에 처한다.

Q3 A는 '주식회사 B의 C에 대한 징계해고'에 대한 사건이 진행되고 있는 행정법원에 증거를 변조하여 제출하였다. 이에 대해 A는 "이 경우는 법에서 말하는 형사사건이나 징계사건이 아니다."라고 주장하고 있다.

A는 '증거변조죄'에 해당할 것인가?

A3 증거인멸 등 죄의 증거는 형사사건·징계사건에 관한 증거여야 한다. 그런데 증거인멸 등 죄는 국가의 형사사법작용 내지 징계작용을 보호하는 것이므로 법에서 말하는 '징계사건'이란 국가의 징계사건에 한정되고 사인 간의 징계사건은 포함되지 않는다. 따라서 '주식회사 B의 C에 대한 징계해고' 사건은 형사사건이 아니라 행정사건이고, 국가의 징계사건이 아니라 사인 간의 징계사건이므로 증거변조죄가 성립하지 않는다. 결국 A는 증거변조죄가 아니라 무죄에 해당한다. 참고로 증거변조죄는 5년 이하의 징역 또는 700만원 이하의 벌금에 처한다.

Q4 B가 C를 고소하여 C에 대하여 수사가 시작되자, A는 그 사건에 관하여 아는 바가 없음에도 불구하고 B의 부탁을 받아 경찰서에서 참고인으로 조사를 받으면서 그 부탁에 따라 C가 B를 강간하려고 하는 것을 목격하였다고 진술하였다. 이에 대해 A는 "거짓말 좀 한 게 위조는 아니다."라고 주장하고 있다.

A는 '증거위조죄'에 해당할 것인가?

A4 증거인멸 등 죄에서 증거를 위조한다 함은 증거 자체를 위조함을 말하는 것이고, 참고인이 수사기관에서 거짓진술을

하는 것은 이에 포함되지 않는다. 결국 A는 증거위조죄가 아니라 무죄에 해당한다. 참고로 증거위조죄는 5년 이하의 징역 또는 700만원 이하의 벌금에 처한다.

Q5 경찰서 방범과장 A는 부하직원으로부터 음반·비디오물 및 게임물에 관한 법률 위반 혐의로 오락실을 단속하여 증거물로 오락기의 변조 기판을 압수하여 사무실에 보관중임을 보고받아 알고 있었음에도 그 직무상의 의무에 따라 적절한 조치를 취하지 않고, 오히려 부하직원에게 압수한 변조 기판을 돌려주라고 지시하여 오락실 업주에게 이를 돌려주었다. 이에 대해 A는 "변조 기판을 돌려준 것 한 번만 따져야지 여기에 직무를 제대로 안 했다고 또 죄가 된다고 하면 안 된다."라고 주장하고 있다.

A는 '증거인멸죄'에 해당할 것인가? '직무유기죄'에도 해당할 것인가?

A5 A는 압수된 증거물인 변조 기판을 돌려주어 증거인멸하였다. 그런데 이렇게 증거인멸을 하는 행동도 직무에 위배되는 행동이라는 점은 당연하므로 증거인멸행위 속에 직무위배의 위법상태가 포함되어 있는 것으로 보아야 한다. 따라서 이와 같은 경우 직무유기죄는 따로 성립하지 않는다. 결국 A는 직무유기죄는 아니고 증거인멸죄에만 해당한다. 참고로 직무유기죄는 1년 이하의 징역이나 금고 또는 3년 이

하의 자격정지에 처하고, 증거인멸죄는 5년 이하의 징역 또는 700만원 이하의 벌금에 처한다.

너머 Law

'증거인멸 등 죄'는 타인의 형사사건 또는 징계사건에 관한 증거를 인멸, 은닉, 위조 또는 변조하거나 위조 또는 변조한 증거를 사용함으로써 성립하는 범죄이다. '타인의 증거'여야 한다는 점에서 자기의 형사사건에 관한 증거는 이 죄의 대상이 아니다. 이는 자기 증거인멸은 인간본능이기에 보통의 인간에게 자신의 증거를 인멸하지 않을 것을 기대할 수는 없다는 논리에 따른 것이다.

그러면 여기서 공범자의 형사사건에 관한 증거는 어떻게 보아야 할까? 이는 공범자와 자기에게 공통되는 증거라는 점에서 의문이 제기되는 것인데 앞에서 자기 증거인멸을 인간본능이라고 본 논리가 여기서도 마찬가지로 고려되어야 한다. 따라서 자신이 직접 형사처분이나 징계처분을 받게 될 것을 두려워한 나머지 자기의 이익을 위하여 그 증거가 될 자료를 인멸하였다면 그 행위가 동시에 다른 공범자나 공범자 아닌 자의 증거를 인멸한 결과가 된다고 하더라도 증거인멸죄가 성립하지 않는다.

그러면 타인을 교사하여(타인에게 시켜서) 자기의 형사사건에 관한 증거를 인멸하게 한 경우에 증거인멸죄의 교사범이 성립될까? 자기 증거인멸은 형사소송에서 피고인의 방어권을 인정하는 취지와 상충하여 처벌의 대상이 되지 않으므로 자기 증거인멸을 위하여 타인에게 도움을 요청하는 행위 역시 원칙적으로 처벌되지 않으나, 다만 그것이 방어권의 남용이라고 볼 수 있을 때는 증거인멸교사죄로 처벌할 수 있다.

'형사사건 또는 징계사건에 관한 증거'여야 한다. 따라서 민사·행정·가사·선거·비송사건에 관한 증거는 이 죄의 대상이 아니다. 또 이 죄는 위증죄와 마찬가지로 국가의 형사사법작용 내지 징계작용을 보호하는 것이므로, 여기서 말하는 '징계사건'이란 국가의 징계사건에 한정되고 사인 간의 징계사건은 포함되지 않는다.

필자의 Comment

증거인멸 등 죄의 경우와는 반대로 자기에게 유리한 증거가 사라질 염려가 있는 경우 어떻게 해야 할까? 예를 들어 CCTV 파일처럼 지워질 염려가 있는 경우이다. 이때 필요한 것이 '증거보전제도'이다. 즉 "검사, 피고인, 피의자 또는 변호인은 미리 증거를 보전하지 아니하면 그 증거를 사용하기 곤란한 사정이 있는 때에는 제1회 공판기일 전이라도 판사에게 압수, 수색, 검증, 증인신문 또는 감정을 청구할 수 있다." 무혐의·무죄 입증시 이를 잘 활용하자.

참조 판례

대법원 1995. 9. 29. 선고 94도2608 판결
대법원 1982. 4. 27. 선고 82도274 판결
대법원 2007. 11. 30. 선고 2007도4191 판결
대법원 1995. 4. 7. 선고 94도3412 판결
대법원 2006. 10. 19. 선고 2005도3909 전원합의체 판결

성폭행 피해 신고에 대해 무죄가 나오면 바로 무고죄가 인정될까?

'무고죄'는 타인으로 하여금 형사처분 또는 징계처분을 받게 할 목적으로 관공서 또는 공무원에 대하여 허위(거짓)의 사실을 신고함으로써 성립하는 범죄로, 무고죄를 저지르면 10년 이하의 징역 또는 1천500만원 이하의 벌금에 처하도록 하고 있다. 그런데 여기서 성폭행 피해자의 신고에 대해 불기소처분되거나 무죄판결이 선고된 경우에 반대로 이러한 신고내용을 거짓이라고 단정하여 무고죄가 성립되는지가 문제된다.

이를 살펴보기에 앞서 성폭행이나 성희롱 사건의 경우 그 특성상 증거가 없거나 거의 없는 경우가 많기 때문에 피해자의 진술에 많이 의존하게 되는 측면이 있다는 점 및 시대 흐름에 따라 사회적 인식 등 여러 측면에서 많이 완화되었다고는 하나 여전히 그 피해자는 사회적 약자에 해당하기 때문에 개별적·구체적 사건에서 피해자가 처하여 있는 특별한 사정이 충분히 고려되어 이러한 피해자의 진술이 가볍게 배척되지 않는다는 점을 이해하고 넘어가자. 이러한 분위기 속에서 거짓신고도 급증하고 있는데 가해자로 지목받은 사람의 입장에서는 무고죄가 유용한 거의 유일한 반격수단이 될 수 있다는 점에서, 피해자의 입장에서도 피해 신고를 할지 말지를 결정함에 도움이 될 수 있다는 점에서 무고죄를 살펴보는 것은 유용하고 필요한 것이라고 생각된다.

성폭행 피해 신고 결과가 무죄 등인 경우 바로 무고죄가 성립하는지의 문제는 결국 '거짓사실'이라는 요건이 인정되려면 '적극적 증명'이 있어야 하는지 아니면 신고사실의 진실성을 인정할 수 없다는 '소극적 증명'만으로 충분한가의 문제이다.

결론적으로 무고죄는 신고한 사실이 객관적인 진실에 어긋나는 거짓사실인 경우에 성립하는 범죄이므로 거짓사실이라는 요건은 적극적 증명이 있어야 하고 신고사실의 진실성을 인정할 수 없다는 소극적 증명만으로 거짓사실이라 단정하여 무고죄의 성립을 인정할 수는 없다. 또한 신고내용에 일부 객관적 진실에 어긋나는 내용이 포함되어 있더라도 그것이 범죄의 성립여부에 영향을 미치는 중요한 부분이 아니고 단지 신고사실의 정황을 과장하는 데 불과하다면 무고죄는 성립하지 않는다. 결국 피해자임을 주장하는 자가 성폭행 등의 피해를 입었다고 신고한 사실에 대하여 증거불충분 등을 이유로 불기소처분되거나 무죄판결이 내려졌다고 하여 그 자체가 무고의 적극적인 근거가 되어 거짓신고로 단정되는 것이 아니고 따라서 바로 무고죄가 인정되지도 않는다.

참고로 거짓사실은 '객관적 진실에 어긋나는 사실'을 말하므로 신고자가 그 신고내용을 거짓이라고 믿었다 하더라도 그것이 객관적으로 진실한 사실에 부합할 때에는 거짓사실의 신고에 해당하지 않아 무고죄는 성립하지 않는다. 즉 신고자에게 무고한다는 나쁜 의도가 있었다고 하더라도 이러한 주관적인 측면은 묻지 않고, 객관적으로만 판단해서 거짓사실로 판명난 경우에만 무고죄가 성립하는 것이다. 객관적으로 범죄를 저지른 게 맞아서 처벌받아야 할 사람이 처벌받게 되는 경우라면 결과적으로 이 처벌은 적정하고 부당하지 않으므로 신고를 어떤 생각에서 한 것이든 이 신고를 문제 삼지 않는 것이다. 한편 신고한 사실의 거짓 여부는 그 범죄의 요건과 관련하여 '신고 사실'의 '핵심 또는 중요내용'이 거짓인가에 따라 판단하므로 정황을 다소 과장한 경우나 신고 사실은 객관적 진실과 일치하나 법적 평가·죄명을 잘못 적거나 형사책임을 부담할 자를 잘못 지목한 경우 거짓신고라고 할 수 없다.

이러한 범죄에 잘 대처하는 것과는 별개로, 이 같은 결론에 더하여 여러 제도들이 우리의 '혐오'를 부추길 수도 있을 것이나 그렇다고 기분이 태도가 되지 않았으면 한다. 사랑할 시간도 에너지도 부족하다.

5부

쉽게 엮일 수 있는 최신 트렌드 범죄들

우리나라의 고령화는 매우 빠르게 진행되어 이를 넘어 초고령화 시대를 향하고 있다. 이에 고령 운전자가 낸 교통사고도 급증하고 있다. 자동차가 고도로 전자화·전기화되면서 급발진 의심 사고에 대한 우려도 커지고 있다. 당연히 자율주행차 역시 교통사고에서 완전히 자유로울 수 없다. 이렇게 끊이지 않는 교통사고에 있어 중요한 것은 부주의로 사고를 내어 사람을 죽거나 다치게 한 것인지, 즉 과실이 있었는지이다. 물론 현대에 급증하는 의료사고나 공사 관련 사고 등도 이러한 유형의 범죄에 해당한다.

한편 전형적인 형태의 성범죄 이외에도 일면식도 없는 여성에 대해서 성범죄를 저지르기 위해 개방된 곳에서 폭력을 행사하는 경우, 기술의 발달로 드론이나 초소형 카메라 등으로 불법촬영 성범죄가 급증하고 있는 상황, 소위 '꽃뱀'의 경우도 성폭력 무고를 위해 SNS 등을 적극적으로 이용하는 신종 방법을 택하는 경우 등으로 성 관련 범죄는 더욱 기승을 부리고 있다.

또 SNS 등의 발달로 다양한 사람들이 쉽게 자신의 의견을 낼 수 있게 된 만큼 다른 사람의 명예를 훼손할 기회와 가능성 역시 많아지게 된 것도 명백한 사실이다. 그리고 법과 제도가 빠르게 변화하는 시대를 따라가지 못하여 생긴 국민의 법감정과의 괴리에는 유튜브 등을 통한 '참교육'이니 하는 '사적제재'가 파고 들었다. 그런데 이렇게 사적제재에 열광하는 시대이지만 기본적으로 사적제재 자체가 범죄에 해당할 수 있다는 점에서 주의가 필요하다.

5부에서는 누구나 쉽게 엮일 수 있고 요즘 화두가 되고 있는 '업무상과실·중과실치사상죄', '강간과 추행의 죄', '명예훼손죄', '재물손괴 등 죄'를 논해본다.

무단횡단하다가 반대편 차에 치여 튕겨 나온 사람을 친 것도 잘못인가?

'업무상과실·중과실치사상죄'는 업무상과실 또는 중대한 과실로 사람을 사망이나 상해에 이르게 함으로써 성립하는 범죄이다. 과실범은 의사가 아닌 '부주의'에 의해 법질서의 명령을 위반하는 것이므로 그 불법과 책임이 고의범보다 가볍다. 따라서 우리 형법은 고의범을 처벌하는 것을 원칙으로 하고 있고 과실범은 예외적으로 법률에 특별한 규정이 있는 경우에만 처벌하는데, 이 죄는 대표적인 과실범이다. 여기서 과실은 정상적으로 기울여야 할 주의를 게을리하여 범죄가 될 수 있는 결과발생을 예견하지 못하거나 회피하지 못한 경우를 말한다. 즉 과실은 주의의무위반에 그 본질이 있다. 물론 업무상과실·중과실은 보통과실·경과실보다 가중처벌된다. 그러면 실제 사건을 통해 업무상과실·중과실치사상죄를 만나보자.

사건의 Zip

Q1 A는 도매상의 점원으로서 자전거를 타고 소매상을 다니면서 배달을 하던 중 내리막길에 이르렀는데 속도를 줄이거나 전방좌우를 살피지 않고 과속으로 달려 내려오다가 때마침 도로를 횡단하려던 B를 전방 약 5m 지점에서 뒤늦게 발견하고 급정거를 하였으나 충돌하여 B에게 부상을 입혔다. 이에 대해 A는 "단순한 과실로 인한 사고이니 업무상과실·중과실이 필요한 교통사고처리 특례법 위반죄에 해당하지는 않는다."라고 주장하고 있다.

A는 '교통사고처리특례법위반(치상)죄'에 해당할 것인가?

A1 자전거 역시 도로교통법상 차에 해당되므로, 교통사고처리 특례법 위반인지가 문제되는데, 교통사고처리특례법 위반은 교통사고로 업무상과실·중과실치사상죄를 저지른 경우 성립되므로 결국 A에게 업무상과실이나 중과실이 있었는지가 문제된다. 그런데 '업무'란 사람이 사회생활상의 지위에 기하여 계속·반복하여 행하는 사무를 말하므로 A는 자전거를 운전하는 업무에 종사하고 있다고 보아야 한다. 따라서 업무상과실이 있는 경우이므로 중과실인지는 따질 것 없이 교통사고처리특례법 위반에 해당한다. 결국 A는 과실치상죄가 아니라 교통사고처리특례법위반(치상)죄에 해당한

다. 참고로 과실치상죄는 500만원 이하의 벌금, 구류 또는 과료에 처하고, 교통사고처리특례법위반(치상)죄는 5년 이하의 금고 또는 2천만원 이하의 벌금에 처한다. ※ 해당 참조 판례 사건 당시는 교통사고처리 특례법 제정 전으로 업무상과실치상죄를 인정하였다.

Q2 3층 건물의 소유자로서 건물 각 층을 임대한 A가 건물 2층으로 올라가는 계단 중간의 전면 벽이 아크릴 소재의 창문 형태로 되어 있고 별도의 고정장치가 없는데도 안전바를 설치하는 등 낙하사고 방지를 위한 조치를 취하지 않고 있던 중 건물 2층에서 나오던 B가 신발을 신으려고 아크릴 벽면에 기대는 과정에서 벽면이 떨이지고 개방된 결과 약 4m 아래 1층으로 떨어져 다쳤다. 한편 A는 자신의 건물에 대한 수선 등의 관리를 비정기적으로 하여 왔다. 이에 대해 A는 "가끔 건물을 수리하거나 임대한 정도로 '업무'라고 하는 것은 말이 안 된다."라고 주장하고 있다.

A는 '업무상과실치상죄'에 해당할 것인가?

A2 업무상과실치상죄의 '업무'란 사람의 사회생활면에서 하나의 지위로서 계속적으로 종사하는 사무를 말한다. 따라서 건물 소유자가 안전배려나 안전관리 사무에 계속적으로 종사하거나 그러한 계속적 사무를 담당하는 지위를 가지지 않은 채 단지 건물을 비정기적으로 수리하거나 건물의

일부분을 임대한 것만으로는 그 행동이 업무에 해당한다고 보기 어렵다. 결국 A는 업무상과실치상죄가 아니라 과실치상죄에 해당한다. 참고로 업무상과실치상죄는 5년 이하의 금고 또는 2천만원 이하의 벌금에 처하고, 과실치상죄는 500만원 이하의 벌금, 구류 또는 과료에 처한다.

Q3 A가 택시를 운전하고 제한속도가 시속 40km인 편도 3차선 도로의 1차선을 따라 시속 50km로 가던 중, 무단횡단하던 B가 중앙선 부근에 서 있다가 반대방향에서 오던 차에 치여 택시 앞으로 쓰러지는 것을 전방 15m지점에서 발견하였으나 피하지 못하여 B를 치어 사망케 한 후 그대로 운전하여 도주하였다. 한편 A는 미리 B를 발견하였고, 그 사고지점은 매우 위험한 지역이었다. 이에 대해 A는 "그걸 어떻게 피하나?"라고 말하고 있다.

A는 '특정범죄가중처벌등에관한법률위반(도주차량)죄'에 해당할 것인가?

A3 교통사고로 업무상과실·중과실치사상죄를 저지른 후 구호조치 등을 하지 않고 도주한 경우 특정범죄가중처벌등에관한법률위반(도주차량)죄에 해당하므로 결국 A에게 업무상과실이나 중과실이 있었는지가 문제된다. 그런데 A는 B를 미리 발견하였고 B는 위험한 중앙선 부근에 있었으므로 그곳을 벗어나기 위해 횡단을 시도할 것을 예상할 수 있다 할 것

이므로 A가 B의 행동을 주시하면서 제한속도 아래로 감속하여 서행하거나 중앙선쪽으로부터 충분한 거리를 유지하면서 진행하지 않은 것은 일반적인 주의의무를 다하지 않은 것이다. 또 이러한 주의의무를 다하였다면 15m 전방이었으므로 사고를 피할 수 있었던 경우이다. 결국 A는 무죄가 아니라 특정범죄가중처벌등에관한법률위반(도주차량)죄에 해당한다. 참고로 특정범죄가중처벌등에관한법률위반(도주차량)죄에서 피해자가 사망한 경우는 무기 또는 5년 이상의 징역에 처한다.

Q4 공사현장에서 일을 하던 B가 판넬을 운반하다가 실수로 이를 1층으로 떨어뜨려 C가 다쳤다. 그런데 그 현장의 공사감독은 회사의 상무이사이자 현장소장인 D가 전담하였고, D가 판넬 운반에 대한 세부지시까지 한 상황에서 B가 그 지시를 어기고 작업하다가 사고가 발생된 것이었으며, 사고 당시 사장 A는 현장에 없었다. 이에 대해 A는 "나는 회사의 사장일 뿐이다. D가 감독을 하고 그 지시까지 있었던 상황에서 지시를 어기는 직원들의 행동을 일일이 내가 다 챙길 수는 없지 않나?"라고 말하고 있다.
A는 '업무상과실치상죄'에 해당할 것인가?

A4 A는 현장에서 공사를 감독하게 되어 있지 않았으므로 A에게 그 공사의 진행에 관하여 직원 등이 공사시행상의 안전

수칙을 위반하여 사고를 저지를지 모른다고 하여 개별작업에 대하여 일일이 세부적인 안전대책을 강구하여야 하는 구체적이고 직접적인 주의의무가 있다고 하기 어렵다. 결국 A는 업무상과실치상죄가 아니라 무죄에 해당한다. 참고로 업무상과실치상죄는 5년 이하의 금고 또는 2천만원 이하의 벌금에 처한다.

Q5 A는 84세 여자 노인 B와 11세의 여자 아이 C를 상대로 안수기도(머리 위에 손을 얹고 하는 기도)를 하면서 B, C를 바닥에 눕혀 놓고 기도를 한 후 "마귀야 물러가라", "왜 안 나가느냐"는 등 큰 소리를 치면서 한 손 또는 두 손으로 피해자의 배와 가슴 부분을 세게 때리고 누르는 등의 행동을 B에게는 약 20분간, C에게는 약 30분간 반복하여 B, C를 사망케 하였다. 이에 대해 A는 "그 정도로 사람이 죽을 거라고는 전혀 생각하지 못했다."라고 말하고 있다.

A는 '중과실치사죄'에 해당할 것인가?

A5 고령의 여자 노인이나 나이 어린 연약한 여자 아이들은 약간의 물리력을 가하더라도 골절이나 타박상을 당하기 쉽고, 더욱이 배나 가슴 등에 그와 같은 상처가 생기면 치명적 결과가 올 수 있다는 것은 A 정도의 나이나 경험 지식을 가진 사람으로서는 약간의 주의만 하더라도 쉽게 예견할 수 있다. 따라서 A에게는 중대한 과실이 있다. 결국 A는 무죄가

아니라 중과실치사죄에 해당한다. 참고로 중과실치사죄는 5년 이하의 금고 또는 2천만원 이하의 벌금에 처한다.

너머 Law

'업무상과실·중과실치사상죄'에서 '업무', '업무상과실', '중과실'을 살펴보자.

형법상 '업무'란 사람의 사회생활면에 있어서의 하나의 지위로서 계속적으로 종사하는 사무를 말한다. 따라서 직업 활동처럼 생활수단으로서의 사회적 활동은 물론 취미 목적으로 자동차를 계속 운전하는 것처럼 사회생활을 유지하면서 계속하여 종사하는 사무도 업무에 해당하지만, 단순히 식사하고 잠을 자거나 가사활동을 하는 것처럼 개인적·자연적 생활현상은 사회생활상의 지위에서 하는 것이 아니므로 업무가 아니다. 업무는 객관적으로 상당한 회수 반복되거나 반복·계속할 의사로 행해진 것이어야 한다. 따라서 호기심으로 단 1회 운전하는 것처럼 계속성이 없는 것은 업무가 아니나 의사가 개업 첫날 의료사고를 낸 경우처럼 단 1회의 행동이라도 반복·계속할 의사로 행한 것이면 업무가 된다. 업무는 사무 내지 일이어야 하는데 공무·사무, 주된 사무·부수적 사무 등은 불문하고 무면허운전행위나 무면허의료행위처럼 면허가 있거나 적법한 사무일 필요도 없다. 그런데 이 죄는 생명·신체를 침해하는 죄이므로, 이 죄의 업무는 수행하는 직무 자체가 위험성을 갖기 때문에 안전배려를 의무의 내용으로 하는 업무, 사람의 생명·신체의 위험을 방지하는 것을 의무내용으로 하는 업무로 제한된다. 여기에는 무면허의료행위·취미로 하는 자동차운전처럼 형법상 보호가치 없는 업무나 보호하기에 적합하지 않은 업무도 포함된다.

'업무상과실'은 업무상 요구되는 주의의무를 태만히 함으로써 결과발생을 예견하지 못하거나 회피하지 못한 경우를 말한다.

'중과실'은 주의의무위반의 정도가 현저한 경우, 즉 조금만 주의를 기울였다면 결과발생을 막을 수 있었음에도 불구하고 부주의로 이를 예견하지 못한 경우를 말한다. 중과실에 해당하는가는 구체적인 상황에서 사회통념을 고려하여 판단한다.

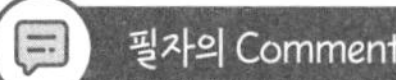

하루가 멀다 하고 일어나는 실수에 의한 사고를 줄이기 위해서 원칙과 규칙을 좀 더 철저히 지키는 것이 방법이 될 수 있다. 그런데 이러한 사고가 이미 일어난 경우라면 가해자나 피해자 모두 특히 과실과 인과관계의 인정 여부를 서로 다투게 될 것이다. 특히 의료과오사건 등의 분야는 정보의 비대칭성이 심화된 분야라는 측면에서 피해자에게 그만큼 배려도 있지만 그래도 여전히 어렵다. 손해배상을 받기 위해서도 필요하니 전문가의 도움을 받길 권장한다.

참조 판례

대법원 1972. 5. 9. 선고 72도701 판결
대법원 2017. 12. 5. 선고 2016도16738 판결
대법원 1995. 12. 26. 선고 95노715 판결
대법원 1989. 11. 24. 선고 89도1618 판결
대법원 1997. 4. 22. 선고 97도538 판결

피해자가 성관계에 동의했지만 술에 취해 기억을 못 하는 것뿐이라는 변명이 통할까?

'강간과 추행의 죄'에는 기본적인 강간죄·강제추행죄 이외에도 유사강간죄나 미성년자의제강간죄 등 그 방법이나 대상 등에 따라 다양한 모습의 성범죄가 세분되어 규정되어 있다. 그런데 이러한 죄는 모두 개인의 성적 자유 또는 성적 자기결정권을 침해하는 것을 내용으로 한다. 또 이러한 죄는 형법 이외에 성폭력범죄의 처벌 등에 관한 특례법, 아동·청소년의 성보호에 관한 법률, 특정강력범죄의 처벌에 관한 특례법 등 특별형법에 의해서도 특별하게 다루어진다. 한편 특히 추행의 범위가 확장되는 추세로 보인다는 점에서 누구나 이 죄를 저지르게 될 수 있고 성인지 감수성이 부족할수록 더욱 조심해야 할 것이다. 물론 알면 피할 수 있으므로 강간과 추행의 죄를 파헤쳐보자.

사건의 Zip

Q1 175cm, 70kg의 남성 A가 158cm, 51kg의 여성 B를 비롯한 동호회 회원들과 술을 마신 후 귀가하려는 B에게 대리기사를 불러 데려다 주겠다면서 자신의 승용차에 태운 다음 간음하였다. 이때 B는 거부 의사를 표현하며 버티기는 하였으나 사력을 다해 반항하지는 않았다. 한편 주변 대로변에는 새벽의 추운 날씨로 차량이나 사람은 없었다. 사건 이후 B는 동호회 리더에게 강제로 성관계를 했다고 하였고 A는 사과를 하였다. 이에 대해 A는 "강간이라고 할 만한 폭행·협박은 하지 않았다."라고 말하고 있다.

A는 '강간죄'에 해당할 것인가?

A1 강간죄의 폭행·협박이 있었는지는 모든 사정을 종합하여 피해자가 당시 처하였던 구체적인 상황을 기준으로 판단하여야 하며, 사후적으로 피해자가 성교 전에 범행 현장을 벗어날 수 있었다거나 피해자가 사력을 다하여 반항하지 않았다는 사정만으로 가해자의 폭행·협박이 피해자의 반항을 현저히 곤란하게 할 정도에 이르지 않았다고 섣불리 단정하여서는 안 된다. 따라서 A가 B를 속여서 차에 태운 사실, B가 거부의사를 밝힌 사실, A와 B의 체격차이 및 B가 술에 취한 상태였다는 점에서 B가 A를 벗어나기 어려웠던 사실,

대로변에 사람이 없고 옷이 벗겨진 상태로 추운 날씨였다는 점에서 문을 열고 나가기 어려웠다는 사실 및 범행 후의 여러 사정들을 종합해보면 A의 행동은 B의 반항을 억압하거나 현저하게 곤란하게 할 정도였다고 보아야 한다. 결국 A는 무죄가 아니라 강간죄에 해당한다. 참고로 강간죄는 3년 이상의 유기징역에 처한다.

Q2 회사의 회장 및 대표이사의 조카인 대리 A는 30대 초반의 가정을 가진 남성으로 20대 초반의 미혼인 부하 여직원 B로 하여금 자신의 어깨를 주무르게 하여 오던 중 어느 날 그 요구를 거절한 B의 어깨를 주물렀다. 그런데 B는 수사기관에서 A의 어깨를 주무른 것에 대해 평소 수치스러웠고 A가 자신의 어깨를 주물렀을 때 온몸에 소름이 돋고 혐오감마저 느꼈다고 하였다. 이에 대해 A는 "어깨를 주무른 게 무슨 추행이냐?"라고 말하고 있다.

A는 '성폭력범죄의처벌등에관한특례법위반(업무상위력에의한추행)죄'에 해당할 것인가?

A2 '추행'은 객관적으로 일반인에게 성적 수치심이나 혐오감을 일으키게 하고 선량한 성적 도덕관념에 위배되는 행동으로서 피해자의 성적 자유를 침해하는 것으로 이에 해당하는지는 피해자의 의사나 나이 그 시대의 성적 도덕관념 등을 종합적으로 고려하여 판단한다. 그런데 20대 초반의

미혼인 B는 30대 초반의 가정을 가진 A가 회사의 회장 및 대표이사의 조카라는 점 때문에 어쩔 수 없이 그 요구를 거절하지 못한 것이다. 또 여성에 대한 추행에 있어 신체 부위에 따라 본질적인 차이가 있다고 볼 수 없는데, B가 수사기관에서 한 진술로 볼 때 A의 행동은 B의 의사에 명백히 반하여(거슬러) B의 성적 자유를 침해할 뿐만 아니라 일반인의 입장에서도 도덕적 비난을 넘어 추행행위라고 평가할 만한 것이다. 또 이는 업무상 위력(강력한 힘)에 의한 것이다. 결국 A는 무죄가 아니라 성폭력범죄의처벌등에관한특례법위반(업무상위력에의한추행)죄에 해당한다. 참고로 성폭력범죄의처벌등에관한특례법위반(업무상위력에의한추행)죄는 3년 이하의 징역 또는 1천500만원 이하의 벌금에 처한다.

Q3 A는 평소 알고 지내던 식당 주인 C로부터 48세의 여성으로 식당을 운영하던 B와 분쟁이 있다는 이야기를 듣고, 마침 B를 만나 B에게 말을 걸었으나 B가 이를 무시하고 도로에 주차해둔 자신의 차로 걸어가자 뒤를 쫓아가면서 욕을 하고 바지를 벗어 성기를 B에게 보였다. 한편 범행은 저녁 8시경으로 이 사건 도로에 사람 및 차량의 왕래가 빈번한 상황에서 이뤄졌고, A와 B는 처음 본 사이였으며, 다른 신체적 접촉은 없었고, 욕설은 성적인 성질의 것은 아니었다. 이에 대해 A는 "닿지도 않고 내 것을 좀 보여준 것뿐인데 알 것 다 아는 아줌마한테 피해가 생긴 게 뭔가? 싫으면 안 보면 되

는 것이다."라고 말하고 있다.

A는 '강제추행죄'에 해당할 것인가?

A3 '추행'은 일반인에게 성적 수치심이나 혐오감을 일으키고 선량한 성적 도덕관념에 위배되는 행동인 것만으로는 부족하고 그 행동의 상대방인 피해자의 성적 자기결정의 자유를 침해하는 것이어야 한다. 이는 피해자의 성별·나이, 사건의 경위, 주위의 상황 등을 종합적으로 고려하여 정하여진다. 그런데 B는 48세라는 점, 신체적 접촉은 없었던 점, 그 장소가 사람 및 차량의 왕래가 빈번한 공개된 장소라는 점, B가 시선을 돌려 쉽게 외면하거나 주위의 도움을 요청할 수도 있었던 점, A가 B를 이끈 것이 아니라 B를 따라가면서 한 행위라는 점, 성적 욕설은 아니었던 점 등을 고려하면 B가 성적 결정의 자유를 침해당하였다고 볼 수 없다. 결국 A는 강제추행죄가 아니라 무죄에 해당한다. 참고로 강제추행죄는 10년 이하의 징역 또는 1천500만원 이하의 벌금에 처한다. ※ 협박죄, 공연음란죄(또는 경범죄처벌법상 과다노출죄)에 해당할 여지가 있으나 이는 논외로 한다.

Q4 교회 목사 A는 교회 여신도 B를 추행하였다. 그런데 B는 A에 대한 종교적 믿음이 무너지는 정신적 충격을 받은 상황에서 주위 다른 신도들이 이를 받아들이기까지 하여 그로 인한 정신적 혼란으로 이를 거부하지 못했다고 진술하였다.

이에 대해 A는 "B는 성적 행위임을 명확히 알면서 받아들인 것이다. 또 반항이 곤란해서 그런 것이 아니다."라고 주장하고 있다.

A는 '준강제추행죄'에 해당할 것인가?

A4 준강제추행죄는 잠을 자거나 술에 취하는 등으로 이미 반항이 절대적으로 불가능하거나 현저히 곤란한 상태(심신상실·항거불능 상태)에 있는 사람을 추행하면 성립하는 범죄이다. 그런데 이에는 물리적 반항불가능 뿐만 아니라 심리적 반항불가능도 포함된다. 따라서 A와 B의 관계나 주변 상황 등에 비추어 보면, B는 종교적 믿음에 대한 충격 등 정신적 혼란으로 인해 반항이 현저하게 곤란한 상태에 있었다. 결국 A는 무죄가 아니라 준강제추행죄에 해당한다. 참고로 준강제추행죄는 10년 이하의 징역 또는 1천500만원 이하의 벌금에 처한다.

Q5 18세 여성 B는 짧은 시간에 많은 술을 마셔 구토를 하고 일행 C와 소지품을 찾지 못하고 있었는데, 28세 남성 A는 귀가 중 처음 본 사이인 B를 만나 취한 B와 모텔에 들어간 후 추행하였다. 이후 C의 신고로 경찰이 모텔 인터폰으로 B의 이름을 확인하고 객실로 찾아갔는데 도착 당시 B는 옷을 벗고 자고 있었다. 그런데 B는 "필름이 끊겼다."고 진술하고 있고, CCTV상 B는 비틀거리지 않고 걸었다. 이에 대해 A

는 "B가 성관계에 동의했지만 술에 취해 기억을 못 하는 것뿐이다."라고 말하고 있다.

A는 '준강제추행죄'에 해당할 것인가?

A5 준강제추행죄는 '심신상실 또는 항거불능의 상태'를 이용해야 성립하고, 깊은 잠에 빠져 있거나 술·약물 등으로 일시적으로 의식을 잃은 상태 또는 완전히 의식을 잃지는 않았더라도 정상적인 판단능력과 대응·조절능력을 행사할 수 없는 상태인 경우가 이에 해당한다. 그런데 술로 인한 '알코올 블랙아웃(기억 상실)'과 '패싱아웃(의식상실)'은 구별된다. 따라서 패싱아웃 상태는 심신상실 상태에 해당하나, 블랙아웃 상태의 경우는 피해자의 저항력이 현저히 저하된 상태였는지에 따라 항거불능에 해당 여부가 달라지므로 구체적 판단이 필요하다. 이는 당시 피해자의 상태나 사건의 경위 등 제반 사정을 살펴 판단하게 된다.

또한 피해사실 전후의 객관적 정황상 피해자가 비정상적인 상태에 있었음이 밝혀진 경우 혹은 피해자와 피고인의 관계에 비추어 피해자가 정상적인 상태하에서라면 피고인과 성적 관계를 맺거나 이에 수동적으로나마 동의하리라고 도저히 기대하기 어려운 사정이 인정되면 피해자의 단편적인 모습만으로 단순히 알코올 블랙아웃으로 심신상실 상태에 있지 않았다고 단정하면 안 된다. 사안의 경우, B가 비틀거리지 않고 스스로 걸을 수 있고 자신의 이름을 대답할 수 있긴 하였으나, B는 짧은 시간 동안 다량의 술을 마셔 구토를 할 정도로 취했고, 자신의 일행이나 소지품을 찾을 방법을 알지 못하였으며, 처음 만난 A와 모텔에 가서 무방비 상태로 잠이 들었고, 인터폰으로 자신의 이름을 말해준 이후에도 다시 잠이 들어버렸을 뿐만 아니라, 경찰이 모텔 객실로 들어오는 상황이었음에도 옷을 벗은 상태로 누워 있을 정도로 판단능력 및 신체적 대응능력에 심각한 문제가 발생한 상태였다. 따라서 B는 심신상실 상태에 있었다. 또 A와 B의 관계, 나이 차이, 사건의 경위 등을 볼 때 B가 이를 동의했다고 볼 수도 없다.

결국 A는 무죄가 아니라 준강제추행죄에 해당한다. 참고로 준강제추행죄는 10년 이하의 징역 또는 1천500만원 이하의 벌금에 처한다.

너머 Law

'강간과 추행의 죄' 중 특히 '강간죄', '강제추행죄' 및 '준강간죄·준강제추행죄'를 살펴본다.

'강간죄'는 과거에는 여성을 대상으로 규정하고 있었으나 현재는 사람을 대상으로 하고 있다. 따라서 과거에 논란이 되던 성전환수술을 받은 자의 경우도 그 대상이 될 수 있고, 여성에 의한 강간사건도 가능하다. 한편 법률상의 처 역시 혼인관계가 파탄된 경우뿐만 아니라 실질적으로 유지되고 있는 경우에도 강간죄의 대상이 된다. 강간죄는 폭행·협박으로 강간하는 범죄인데, '폭행·협박'은 상대방의 반항을 불가능하게 하거나 현저히 곤란하게 할 정도의 것이어야 한다. '강간'은 이러한 폭행·협박으로 간음(남자 성기를 여자 성기에 삽입)하는 것을 말한다. 이점에서 구강성교, 항문성교 등을 처벌하는 유사강간죄와 차이가 있다.

'강제추행죄'는 폭행·협박으로 추행하는 범죄이다. 여기서 "강제추행죄의 '폭행 또는 협박'은 상대방의 항거를 곤란하게 할 정도로 강력할 것이 요구되지 아니하고, 상대방의 신체에 대하여 불법한 유형력을 행사(폭행)하거나 일반적으로 보아 상대방으로 하여금 공포심을 일으킬 수 있는 정도의 해악을 고지(협박)하는 것"이라고 최근 판례의 입장이 변경·정리되었다.

'추행'이란 객관적으로 일반인에게 성적 수치심이나 혐오감을 일으키게 하고 선량한 성적 도덕관념에 위배되는 행동으로서 피해자의 성적 자유를 침해하는 것이고, 이에 해당하는지는 피해자의 의사, 성별, 나이, 그 시대의 성적 도덕관념 등 모든 사정을 종합하여 판단한다.

'준강간죄·준강제추행죄'는 폭행·협박으로 반항을 어렵게 하는 것이 아니라 이미 '심신상실 또는 항거불능의 상태'에 있는 점을 이용한다는 점에서 강간죄·강제추행죄와 차이가 있다. '심신상실의 상태'란 정신기능의 장애로 성적 행위에 대한 정상적인 판단능력이 없는 상태를 의미한다. 예를 들어 수면, 인사불성의 경우나 술에 취한 경우 등이 이에 해당한다. '항거불능의 상태'란 심신상실 이외의 원인 때문에 심리적 또는 물리적으로 반항이 절대적으로 불가능하거나 현저히 곤란한 경우를 의미한다.

필자의 Comment

성범죄에는 그 시대의 성적 도덕관념이 투영되어 있는데 현재는 과거에 비해 처벌이 확대·강화되는 추세에 있는 듯하다. 성범죄는 사회적 약자를 대상으로 은밀하게 일어나는 경우가 많아 범죄단계에서는 피해자가 약자이지만 재판단계에서는 이러한 점을 고려하여 많은 배려가 있는 것이 사실이고, 높은 처벌 수위에 전자발찌 부착·신상정보공개 등 보안 처분도 받을 수 있으니 먼저 조심하고 피하는 게 상책이고 그 상황을 녹음하는 것이 차선책이 될 것이다.

참조 판례

대법원 2012. 7. 12. 선고 2012도4031 판결
대법원 2004. 4. 16. 선고 2004도52 판결
대법원 2012. 7. 26. 선고 2011도8805 판결
대법원 2009. 4. 23. 선고 2009도2001 판결
대법원 2021. 2. 4. 선고 2018도9781 판결

개인 비공개 대화방에서 비밀을 지킨단 말을 듣고 일대일로 대화해도 명예훼손일까?

'명예훼손죄'와 '모욕죄'는 사람의 가치에 대한 사회적 평가인 이른바 외부적 명예를 보호한다는 점에서는 차이가 없으나 다만 명예훼손죄는 사회적 평가를 저하시킬 만한 구체적 사실의 적시(지적·표시)를 요하는 범죄인 반면 모욕죄는 구체적 사실이 아닌 단순한 추상적 판단이나 경멸적 감정의 표현으로 사회적 평가를 저하시키는 범죄라는 점에서 다르다. 명예훼손죄에서는 특히 공연성(불특정 또는 다수인이 인식할 수 있는 상태) 및 '전파가능성 이론', 단순한 '의견표현'과 '사실'의 구별, 사실의 적시의 구체성 정도, '피해자의 특정'에 대해 알 필요가 있다. 그러면 명예훼손죄를 위주로 모욕죄는 곁들여 살펴보자.

사건의 Zip

Q1 A는 자신의 개인 블로그 비공개 대화방에서 X라는 아이디를 사용하는 사람으로부터 비밀을 지키겠다는 말을 듣고 연예인 B에 대한 거짓 사실과 악성 루머를 말하는 등 일대일로 대화하였다. 이에 대해 A는 "단 한 사람에게 말한 걸로 명예훼손이라고?"라고 말하고 있다.

A는 '정보통신망이용촉진및정보보호등에관한법률위반(명예훼손)죄'에 해당할 것인가?

A1 명예훼손죄는 불특정 또는 다수인이 인식할 수 있는 상태(공연성)를 요건으로 한다. 그런데 이러한 공연성은 개별적으로 한 사람에게 유포하더라도 불특정 또는 다수인에게 전파될 가능성이 있는 경우에도 인정된다(전파가능성 이론). 비록 일대일 대화이고 비밀을 지키겠다고 했다고 하더라도 전파될 가능성이 있고, 특히 대화내용이 연예인에 대한 것이라는 점에서 더욱 그러하다고 보아야 한다. 한편 대화는 블로그에서 이루어졌고 그 내용이 거짓이었으므로 흔히 '사이버 명예훼손'이라고 부르는 정보통신망법상 허위사실 적시에 의한 명예훼손죄가 성립한다. 결국 A는 무죄가 아니라 정보통신망이용촉진및정보보호등에관한법률위반(명예훼손)죄에 해당한다. 참고로 정보통신망이용촉진및정보보호

등에관한법률위반(명예훼손)죄 중 허위사실 적시의 경우 7년 이하의 징역, 10년 이하의 자격정지 또는 5천만원 이하의 벌금에 처한다.

Q2 대학교수 겸 목사 A는 신학대학원 채플실에서 1,200여 명의 학생들이 모인 가운데 예배를 인도하면서 X교회 목사 B에 대해 "X교회 B는 이단 중에 이단입니다."라고 설교하였다. 이에 대해 A는 "내 생각도 마음대로 표현 못 하는 건가?"라고 말하고 있다.

A는 '명예훼손죄'에 해당할 것인가?

A2 명예훼손죄가 성립하려면 '사실의 적시(지적·표시)'가 있어야 한다. 그런데 A의 설교는 어느 교리가 정통인가에 대한 것으로 이는 대다수의 목회자나 신도들이 평가하는 관념에 따라 달라지는 것이므로 가치판단이나 평가를 내용으로 하는 '의견표현'의 영역에 속하는 것으로 보아야 한다. 결국 A는 명예훼손죄가 아니라 무죄에 해당한다. 참고로 명예훼손죄 중 허위사실 적시의 경우 5년 이하의 징역, 10년 이하의 자격정지 또는 1천만원 이하의 벌금에 처한다.

Q3 A는 여러 사람들이 모인 자리에서 "X소주회사가 일본 Y맥주회사에 지분이 50% 넘어가 일본 기업이 됐다."고 하였다. 이에 대해 A는 "가치중립적 표현일 뿐이다."라고 말하

고 있다.

A는 '명예훼손죄'에 해당할 것인가?

A3 어떤 표현이 명예훼손적인지는 사회통념에 따른 객관적 평가에 의하고, 가치중립적인 표현을 사용하였다 하여도 사회통념상 그로 인하여 특정인의 사회적 평가가 저하되었다고 판단된다면 명예훼손죄가 성립할 수 있다. 그런데 A의 발언은 가치중립적 표현으로서, 우리나라와 일본의 특수한 역사적 배경과 소주라는 상품의 특수성 때문에 X회사의 대주주 내지 지배주주가 일본 회사라고 말하는 경우 일부 소비자들이 해당 소주의 구매에 소극적이 될 여지가 있다 하더라도 이를 사회통념상 X회사의 사회적 가치 내지 평가가 침해될 가능성이 있는 명예훼손적 표현이라고 볼 수 없다. 결국 A는 명예훼손죄가 아니라 무죄에 해당한다. 참고로 명예훼손죄 중 사실 적시의 경우 2년 이하의 징역이나 금고 또는 500만원 이하의 벌금에 처한다.

Q4 대학교수 A는 학생들 앞에서 여학생 B에 대해 "매일 B와 학교 앞 모텔 앞에서 마주치는데 옆에 있는 친구는 매일 바뀌더군요. 좋을 때입니다."라고 하였다. 이에 대해 A는 "내 말 속에 명예를 훼손할 만한 구체적인 표현은 없었다."라고 말하고 있다.

A는 '명예훼손죄'에 해당할 것인가?

A4 명예훼손죄에 있어서의 사실의 적시는 사실을 직접적으로 표현한 경우에 한정되지 않고, 간접적이고 우회적인 표현에 의하더라도 전체 취지에 비추어 그와 같은 사실의 존재를 암시하고, 또 이로써 특정인의 사회적 가치 내지 평가가 침해될 가능성이 있을 정도의 구체성이 있으면 충분하다. 따라서 A가 B의 이성관계를 암시하는 발언을 하여 B의 명예가 훼손되었다고 보아야 한다. 결국 A는 무죄가 아니라 명예훼손죄에 해당한다.

Q5 B는 연예인 X가 강간 혐의로 기소되었다는 인터넷 뉴스 기사에 관한 의견 게시판에 자신의 아이디를 이용하여 "개인적으로는 무죄찬성입니다."라는 제목으로 의견을 게시하였는데 이에 대해 A는 B의 아이디를 지칭하며 "내가 당신 부모를 강간한 다음 X인 척하면 무죄 판결 받아야 한다는 뜻 같습니다."는 등의 모욕적인 감정표현과 함께 여러 거짓 사실을 담은 댓글을 달았다. 이에 대해 A는 "B를 언급한 적이 없는데 명예가 훼손된다고?"라고 말하고 있다.

A는 '정보통신망이용촉진및정보보호등에관한법률위반(명예훼손)죄'에 해당할 것인가?

A5 명예훼손죄에서 명예의 주체인 사람은 특정한 자여야 하지만 반드시 사람의 성명을 명시하여야 하는 것은 아니므로 사람의 성명을 명시한 바 없어도 그 표현의 내용을 주위사정과 종합 판단하여 그것이 어느 특정인을 지목하는 것인가를 알아차릴 수 있는 경우에는 그 특정인에 대한 명예훼손죄가 성립한다. 그런데 일반인의 아이디만으로는 그 아이디를 가진 사람이 누구인지 알아차리기 어렵다. 따라서 그 피해자가 B로 특정되었다고 볼 수 없다. 결국 A는 정보통신망이용촉진및정보보호등에관한법률위반(명예훼손)죄가 아니라 무죄에 해당한다.

참고로 정보통신망이용촉진및정보보호등에관한법률위반(명예훼손)죄 중 허위사실 직시의 경우 7년 이하의 징역, 10년 이하의 자격정지 또는 5천만원 이하의 벌금에 처한다.

너머 Law

'명예훼손죄'는 공연히 사실 또는 허위(거짓)의 사실을 적시(지적·표시)하여 사람의 명예를 훼손함으로써 성립하는 범죄이다. '공연성'이란 불특정 또는 다수인이 인식할 수 있는 상태를 의미한다. 그런데 판례는 비록 개별적으로 한 사람에 대하여 사실을 유포하더라도 이로부터 불특정 또는 다수인에게 전파될 가능성이 있으면 공연성이 있다고 보는 '전파가능성 이론'을 채택했다. 이에 의하면 발언 상대방이 발언자나 피해자의 배우자, 친척, 친구 등 사적으로 친밀한 관계에 있는 경우, 직무상 비밀유지의무 또는 이를 처리해야 할 공무원이나 이와 유사한 지위에 있는 경우에는 그러한 관계나 신분으로 비밀의 보장이 상당히 높은 정도로 기대되는 경우로서 공연성이 부정된다.

'사실의 적시'란 가치판단이나 평가를 내용으로 하는 의견표현과는 구별되고 특히 증거에 의한 증명이 가능한 것을 말한다. 사람의 사회적 평가를 저하시킬 만한 것이면 그 내용은 불문한다. 따라서 가치중립적 표현이든 이미 사회의 일부에 잘 알려진 사실이든 사회적 평가를 저하시킬 만한 것이면 명예훼손죄가 성립할 수 있다. 또 거짓사실인 경우 형이 가중된다.

'진실한 사실'이란 그 내용 전체의 취지를 살펴볼 때 중요한 부분이 객관적 사실과 합치되는 사실이라는 의미이므로, 세부에 있어 진실과 약간 차이가 나거나 다소 과장된 표현이 있더라도 이는 거짓이 아니다. 사실의 적시는 특정인의 명예가 침해될 수 있을 정도로 구체적이어야 하는데, 이때 구체적 사실을 직접적으로 표현한 경우 이외에 간접적·우회적 표현에 의한 경우도 구체적이라고 인정될 수 있으나 이 경우에는 그 표현으로 그러한 사실을 암시하여 그 사실이 곧바로 유추될 수 있을 정도는 되어야 한다. 추상적 사실, 가치판단의 표시는 모욕죄에 해당할 뿐이다. 피해자가 누구인지 알 수 있을 정도로 '특정'되어 있어야 하지만 반드시 이름이나 명칭을 표시해야 하는 것은 아니고 주위사정과 종합해서 그 표시가 피해자를 지목하는 것을 알아차릴 수 있을 정도이면 된다.

필자의 Comment

종이 신문이 온라인 기사로 대체되고, SNS 등 다양한 매체가 등장했으며, 통신기술의 발달로 수천 명이 같은 게임을 동시에 하고 있는 요즘과 같은 정보화 시대의 성숙기에 명예를 훼손할 기회·방법·가능성이 증가함은 당연하다. 또 몇 가지 이유가 있긴 하지만 진실한 사실을 적시해도 처벌하는 전 세계에서 손가락에 꼽을 정도의 나라에 우리나라가 포함되어 있다. 따라서 누구나 명예훼손의 피해자 혹은 가해자가 될 수 있다는 사실을 분명히 인식하고 있어야 한다.

참조 판례

대법원 2008. 2. 14. 선고 2007도8155 판결
대법원 2008. 10. 9. 선고 2007도1220 판결
대법원 2008. 11. 27. 선고 2008도6728 판결
대법원 1991. 5. 14. 선고 91도420 판결
헌법재판소 2008. 6. 26. 선고 2007헌마461 전원재판부

바짝 주차하여 '주차 빌런 참교육'한 경우도 손괴죄라고?

'재물손괴 등 죄'는 타인의 재물, 문서 또는 전자기록 등 특수매체기록을 손괴 또는 은닉 기타 방법으로 그 효용을 해함으로써 성립하는 범죄이다. 그런데 효용을 누리지 못하는 것과 효용 자체의 침해는 구별되어야 한다. 재물손괴죄는 역시 재산범죄에 속하지만 행위자에게 다른 사람의 재물을 자기 소유물처럼 그 경제적 용법에 따라 이용·처분할 의사(불법영득의사)가 없는 비영득죄라는 점에서 다른 재산범죄인 절도·강도·사기·공갈·횡령 등 영득죄와 구별된다. 따라서 타인 소유 토지에 권원 없이 건물을 신축한 경우처럼 다른 사람의 소유물을 본래의 용법에 따라 무단으로 사용·수익하는 행동은 소유자를 배제한 채 물건의 이용가치를 영득(취득하여 제 것으로 만듦)하는 것이고, 그 때문에 소유자가 물건의 효용을 누리지 못하게 되었더라도 효용 자체가 침해된 것이 아니므로 재물손괴죄에 해당하지 않는다. 그러면 재물손괴 등 죄를 자세히 알아보자.

사건의 Zip

Q1 사무국장 A는 경리직원 B로 하여금 경리장부를 정리케 하던 중 그 장부의 2면에서부터 13면까지를 찢어버렸다. 그런데 이는 이미 작성되어 있던 장부의 기재를 새로운 장부로 옮겨 적는 과정에서 B가 누계 등을 잘못 기재하여 A가 그 부분을 찢어버린 것이라는 사실과 이후 계속하여 종전장부의 기재내용을 모두 옮겨 적었다는 사실이 밝혀졌다. 이에 대해 A는 "잘못된 부분을 찢은 게 죄가 되나?"라고 말하고 있다.

A는 '문서손괴죄'에 해당할 것인가?

A1 손괴죄는 타인의 재물 또는 문서를 대상으로 한다. 여기서 재물은 재산적 이용가치 내지는 효용이 있는 물건을 뜻하고, 문서는 거기에 표시된 내용이 적어도 법률상 또는 사회생활상 중요한 사항에 관한 것이어야 한다. 그런데 새로운 경리장부는 아직 작성 중에 있어 손괴죄의 대상인 문서로서의 경리장부가 아니고, 또 그 찢어버린 부분이 진실된 증빙내용을 기재한 것이었다는 등의 특별한 사정이 없으므로 옮겨 적는 과정에서 잘못 기재되어 찢어버린 부분 그 자체가 손괴죄의 대상이 되는 재산적 이용가치 내지 효용이 있는 재물도 아니다. 결국 A는 문서 또는 재물손괴죄가 아니

라 무죄에 해당한다. 참고로 재물손괴 등 죄는 3년 이하의 징역 또는 700만원 이하의 벌금에 처한다.

Q2 B는 자신이 운영하는 골프 아카데미를 홍보하기 위해 홍보용 배너와 거치대 등의 광고판을 1층 로비에 세워 두었는데, A는 그 광고판을 컨테이너로 된 창고로 옮겨 놓고 문을 잠가 버렸고 B가 돌려 달라고 해도 돌려주지 않아 B가 사용할 수 없도록 하였다. 이에 대해 A는 "광고판을 부순 것도 아니고 잠깐 못 쓰게 한 게 죄냐?"라고 말하고 있다.

A는 '재물손괴죄'에 해당할 것인가?

A2 재물손괴죄에서 재물의 효용을 해한다고 함은 사실상으로나 감정상으로 그 재물을 본래의 사용목적에 제공할 수 없는 상태로 만드는 것을 말하고, 일시적으로 그 재물을 이용할 수 없는 상태로 만드는 것도 포함한다. 따라서 비록 물질적인 형태의 변경이나 멸실(없어짐), 감손(줆)을 초래하지 않은 채 그대로 옮겼다고 하더라도 이 사건 광고판은 그 본래적 역할을 할 수 없는 상태로 되었으므로 그 효용을 해한 것이다. 결국 A는 무죄가 아니라 재물손괴죄에 해당한다. 참고로 재물손괴죄는 3년 이하의 징역 또는 700만원 이하의 벌금에 처한다. ※ 이외에 업무방해죄에도 해당할 수 있으나 이는 논외로 한다.

Q3 A는 인근 임야가 자신의 종중 소유라고 믿고 있던 중 마침 이 임야에 대한 등기권리증을 가지고 있던 B가 이를 제시하자 종중에 유리할 것이란 생각에 이를 가지고 가 종중의 민사사건에 증거로 제출하였다. 이에 대해 A는 "등기권리증을 가져간 후에 숨긴 게 아니라 바로 증거로 제출했으니 은닉한 게 아니다."라고 주장하고 있다.

A는 '문서은닉죄'에 해당할 것인가?

A3 '은닉'은 재물 등의 소재를 불분명하게 하여 그 발견을 곤란·불가능하게 함으로써 그 효용을 해하는 것이다. 그런데 이 사건 등기권리증은 증거로 제출되었으므로 소재를 불분명하게 한 것으로 볼 수 없다. 결국 A는 문서은닉죄가 아니라 무죄에 해당한다. 참고로 문서은닉죄는 3년 이하의 징역 또는 700만원 이하의 벌금에 처한다.

Q4 A가 평소 자신이 굴삭기를 주차하던 장소에 B의 차량이 주차되어 있는 것을 발견하고 B의 차량 앞에 철근콘크리트 구조물을, 뒤에 굴삭기 크러셔를 바짝 붙여 놓아 B가 17~18시간 동안 차량을 운행할 수 없었다. 이에 대해 A는 "잠깐 못 쓰게 한 게 죄냐?"라고 말하고 있다.

A는 '재물손괴죄'에 해당할 것인가?

A4 재물손괴죄에서 '기타 방법'이란 손괴 또는 은닉에 준하는 정도의 물리력을 행사하여 재물 등의 효용을 해하는 행동을 의미하고, 일시적으로 그 재물을 이용할 수 없거나 구체적 역할을 할 수 없는 상태로 만드는 것도 효용을 해하는 것이다. 구체적으로 어떠한 행동이 재물의 효용을 해하는 것인지는 제반 사정을 종합하여 사회통념에 따라 판단한다. 그런데 A가 B의 차량의 앞뒤에 쉽게 제거하기 어려운 철근콘크리트 구조물 등을 바짝 붙여 놓은 행동은 그 차량에 대한 물리력의 행사로 보기에 충분하다. 비록 A의 행동으로 차량 자체에 물리적 훼손이나 기능적 효용의 멸실(없어짐) 내지 감소가 발생하지 않았다고 하더라도, B가 A가 놓아 둔 구조물로 인하여 차량을 운행할 수 없게 됨으로써 일시적으로 본래의 사용목적에 이용할 수 없게 된 이상 차량 본래의 효용을 해한 경우에 해당한다. 결국 A는 무죄가 아니라 재물손괴죄에 해당한다. 참고로 재물손괴죄는 3년 이하의 징역 또는 700만원 이하의 벌금에 처한다.

Q5 해고노동자 A는 복직을 요구하는 집회 중 ① 계란 30여 개를 회사 건물에 투척하여 유리창 등 일부가 불쾌감을 줄 정도로 더럽혀져 50만 원의 비용이 드는 청소가 필요한 상태가 되었고, ② 이후 래커 스프레이를 이용하여 회사 건물 외벽과 1층 벽면 등에 낙서를 함으로써 이를 제거하는데 약 341만 원 상당이 들도록 하였다. 이에 대해 A는 "청소 좀 하

게 했다고 그게 무슨 손괴냐?"라고 말하고 있다.

A의 ①, ②의 각 행위는 '폭력행위등처벌에관한법률위반(공동재물손괴등)죄'에 해당할 것인가?

A5 사실상·감정상으로 재물을 본래 용도로 사용하지 못하게 되는 경우 효용을 해하는 것이고 이는 일시적인 경우도 포함한다. 특히, 건조물의 벽면에 낙서를 하거나 게시물을 부착하는 행동 또는 오물을 투척하는 행동 등이 효용을 해하는 것인지는, 당해 건조물의 용도와 기능, 그 행동이 건조물의 채광·통풍·조망 등에 미치는 영향과 건조물의 미관을 해치는 정도, 건조물 이용자들이 느끼는 불쾌감이나 저항감, 원상회복의 난이도와 거기에 드는 비용, 그 행동의 목적과 시간적 계속성, 행동 당시의 상황 등 제반 사정을 종합하여 사회통념에 따라 판단한다. 그런데 ① 행위는 불쾌감을 줄 정도로 더럽혀져 청소가 필요한 경우이지만 그 건물의 효용을 해하는 정도의 것에 해당하지 않는다. 반면 ② 행위는 건물의 미관을 해치는 정도와 건물 이용자들의 불쾌감 및 원상회복의 어려움 등에 비추어 건물의 효용을 해한 것에 해당한다.

결국 A의 ① 행위는 무죄이고 ② 행위만 폭력행위등처벌에관한법률위반(공동재물손괴등)죄에 해당한다. 참고로 재물손괴죄는 3년 이하의 징역 또는 700만원 이하의 벌금에 처하는데, 폭력행위등처벌에관한법률위반(공동재물손괴등)죄는 이에 2분의 1까지 가중한다.

너머 Law

'재물손괴 등 죄'는 소유권의 이용가치를 보호하는 범죄이다. 이 죄의 대상은 '재물, 문서 또는 전자기록 등 특수매체기록'이다. 여기서 '재물'은 재산적 이용가치 내지는 효용이 있는 물건을 뜻하므로 이용가치나 효용성이 전혀 없거나 소유자가 주관적 가치도 부여하지 않은 물건은 이에 해당하지 않는다. '문서'는 거기에 표시된 내용이 적어도 법률상 또는 사회생활상 중요한 사항에 관한 것이어야 한다.

재물 등은 '타인소유'에 속해야 한다. 타인소유이면 자기점유·타인점유를 불문하고, 문서의 경우 자기명의·타인명의를 불문한다.

이 죄는 손괴·은닉 기타 방법으로 그 효용을 해하는 범죄이다.

'손괴'는 재물 등에 직접 물리력을 써서 상태를 변화시키는 행동인데, 본래의 목적에 사용할 수 없게 하는 것이면 충분하다. 또 이에는 일시적인 경우나 경미한 정도도 포함된다.

'은닉'은 재물 등의 소재를 불분명하게 하여 그 발견을 곤란·불가능하게 하는 행동으로, 피해자가 행위자의 점유 사실을 알더라도 발견이 곤란하면 이에 해당한다.

'기타 방법'은 손괴 또는 은닉에 준하는 정도의 물리력을 행사하여 재물 등의 효용을 해하는 행동을 의미한다. 여기서 '재물의 효용을 해한다'고 함은 사실상·감정상 그 재물을 본래의 목적에 사용할 수 없게 하는 상태로 만드는 것을 말하므로 이러한 모든 행동이 기타 방법에 포함되고, 일시적인 경우도 포함된다. 따라서 식기에 방뇨하는 경우, 바짝 주차하여 차를 이용할 수 없게 하는 소위 '주차 빌런 참교육'의 경우는 '기타 방법으로 재물의 효용을 해한 경우'에 해당한다. '효용을 해하는 정도'인지는 제반 사정을 종합하여 사회통념에 따라 판단한다.

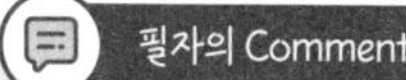

혼히들 '재물손괴죄'라고 하지만 실제 그 대상에 문서 등이 포함되고 이를 은닉하는 등의 경우도 포함된다. 또 '손괴 또는 은닉'이라고 하고 있지만 '기타 방법'이라고 하여 결국 '효용을 해하는 경우'인지 여부가 핵심이고 이러한 모든 경우는 이 죄에 해당하게 된다는 점을 알 수 있다. 결과적으로 어떤 경우가 이에 해당하는지 예측하기가 어려운 경우인데, 평소 상대에게 피해를 주는 행동은 대부분 범죄에 해당할 수 있음을 알고 자제하는 태도를 견지하자.

참조 판례

대법원 1989. 10. 24. 선고 88도1296 판결
대법원 2018. 7. 24. 선고 2017도18807 판결
대법원 1979. 8. 28. 선고 79도1266 판결
대법원 2021. 5. 7. 선고 2019도13764 판결
대법원 2007. 6. 28. 선고 2007도2590 판결

동반자살을 시도했다가 살아남은 사람의 죄는?

'생활고를 비관한 일가족 동반자살'이라는 뉴스를 종종 보게 된다. 그런데 그러한 선택으로 내몰리게 된 상황만큼이나 안타까운 것이 이를 바라보는 시각·인식에 따른 '동반자살'이라는 표현이다. 요즘은 약간이나마 변화의 시선이 있는 듯이 보이나 여전히 연결될 수 없는 '일가족'과 '동반자살'이라는 단어를 연결해 사용하고 있다는 점에서 이는 잘못이다. 예를 들어 '자살 카페에서 만나 동반자살'이라는 표현과는 달리 '일가족 동반자살'은 '살해 후 자살'이라는 표현이 더 적절하다. 즉 전자의 경우는 '동반자살'이라고 할 수 있으나 후자는 '동반자살'이 아니라 '살해 후 자살'인 것이다. 이는 정책적 측면 등 여러 측면에서 그러하나 여기서는 그 이유에 대해 법적인 측면에서만 살펴본다. 그러면 이러한 점을 포함하여 동반자살 및 살해 후 자살을 시도했다가 살아남은 사람은 어떤 죄에 해당하는지를 알아보자.

A가 강요하거나 속여서 B가 자살한 경우, ① A에게 의사지배가 인정되고 B가 자살의 의미를 이해할 경우에는 위계·위력에 의한 살인죄가, ② A에게 의사지배가 인정되지만 B가 자살의 의미를 모를 경우에는 살인죄의 간접정범(A가 직접 죽이는 것이 아니라 처벌되지 않는 B의 자살행위를 이용하여 간접적으로 B가 죽도록 했다는 의미로 이 경우 살인죄와 동일한 형으로 처벌한다)이, ③ 의사지배가 부정될 경우에는 자살관여죄가 성립한다.

어린 자녀들을 먼저 죽인 경우는 물론이고 자살케 한 후 부모가 자살을 시도하다가 실패한 경우가 바로 ②의 경우이므로 이것이 '살해 후 자살'이라는 표현이 이와 같은 경우 더 적절한 이유이다.

한편 ③의 경우 또는 처음부터 A와 B가 합의하여 공동자살을 기도하는 경우가 전형적인 '동반자살'에 해당한다. 이때 혼자 살아남은 A의 행동이 교사(자살 결의가 없는 자에게 자살을 결의하게 하는 것)·방조(이미 자살 결의가 있는 자를 돕는 것)로 인정되면 자살교사·방조죄가 성립한다. 한편 이 경우 B가 행위지배·주도적 역할을 한 경우 자살방조죄이나 A가 행위지배·주도적 역할을 한 경우, 즉 A가 B로부터 촉탁(부탁)·승낙을 받고 B를 살해한 경우라면 이는 촉탁·승낙살인죄이다. 그러나 '동반자살'처럼 보이지만 실제로는 자기는 죽을 생각 없이 속여서 같이 죽자고 하여 상대방을 자살하게 한 경우는 ①의 경우 중 위계에 의한 살인죄에 해당한다. 다만 같이 자살을 기도했을 뿐 교사나 방조 사실이 전혀 없는 때에는 무죄이다. 참고로 살인죄와 위계·위력에 의한 살인죄는 동일하게 사형, 무기 또는 5년 이상의 징역에 처하고, 촉탁·승낙살인죄와 자살교사·방조죄는 동일하게 1년 이상 10년 이하의 징역에 처한다.

결론적으로 특별한 경우가 아닌 한 일반적인 '동반자살'에서 살아남은 사람은 자살교사·방조죄에 해당하고 '살해 후 자살'이라고 부르는 것이 적절한 '일가족 동반자살'에서 살아남은 사람은 살인죄(의 간접정범)에 해당한다.

한마디만 덧붙인다. 힘들 땐 전문가의 도움을 받아보자!

돈 욕심은 언제나 큰 화를 부른다

보이스피싱이 나날이 기승을 부리고 있다. 보이스피싱 자체도 문제지만 사회초년생들이 고액의 보수를 받을 수 있다는 말에 솔깃해서 보이스피싱 범죄에 전달책이나 수거책으로 연루되어 사기방조죄로 처벌받을 수 있다는 점도 문제다. 그런데 이러한 방조행위를 하게 되는 이유가 사회초년생들이 경험이 없기 때문이기만 한 것은 아니다. 단순 업무만으로 고액의 보수를 준다고 한다는 점에서 충분히 의심할 수 있는데도 이들의 눈을 가려 범죄를 저지르게 만든 것은 다름 아닌 돈에 대한 욕심일 것이다. 그 외에도 돈에 대한 욕심이 있는 경우 더 쉽게 연루되거나 실수로 범죄를 저지르게 되는 경우도 있다. “인생은 실전이다.”라는 유명한 인터넷 밈처럼 뒤늦게 후회해봐야 소용 없으니 여기서 이러한 재산범죄에 대해 자세히 알아보자.

6부에서는 재산범죄 중 특히 주변에서 쉽게 접하거나 실제 연루될 수 있는 ‘사기죄’, ‘횡령죄’, ‘배임죄’, ‘장물죄’에서 돈 욕심이 화를 부른 경우를 살펴본다.

알면서도 거스름돈을 더 받을 경우 죄가 될까?

‘사기죄’가 ‘속이는’ 범죄라는 건 다 안다. 다만 속이는 모든 경우에 우리는 “사기다!”라고 말하지만 형법상의 사기죄는 재산범죄라는 점을 분명히 알아야 한다. 다시 말해 속인 경우에도 개인의 재산권을 침해하지 않는다면 사기죄가 성립하지 않는다. 예를 들어 공무원을 속여서 세금을 포탈한 경우나 여자를 속여서 정조를 빼앗는 경우는 사기죄가 아닌 반면 매춘의 대가를 지급하지 않는 경우 그 대가는 경제적 이익에 해당하므로 사기죄가 성립한다. 그런데 어떤 경우에는 ‘속이는’ 정도에 해당하는지 판단이 어려운 경우도 있다. 사기죄는 다양한 모습과 형태로 이루어지기 때문이다. 그러면 사기죄의 핵심을 제대로 알아보자.

사건의 Zip

Q1 A는 B로부터 매매잔금을 받는 과정에서 B가 착각해서 1천만 원권 자기앞수표 1장을 추가로 주었다는 사실을 알았으면서도 이를 말 없이 받았다. 이에 대해 A는 "B가 착각해서 돈을 더 준 것이지 내가 속인 적은 없다."라고 말하고 있다. A는 '사기죄'에 해당할 것인가?

A1 A가 적극적으로 속인 것은 아니기 때문에 A가 B에게 알렸어야 하는가, 즉 법률상 고지의무가 있는지가 문제된다. 그런데 이는 모든 사람은 서로 상대방의 신뢰에 반하지 않도록 성의있게 행동하여야 한다는 '신의성실의 원칙(줄여서 신의칙)'에 비추어 판단되는데, 결론적으로 일반적으로 상대방이 그 사실을 알았다면 그와 같이 거래를 하지 않았을 것이 명백한 경우 성실하게 이를 알려야 하는 고지의무가 인정된다. 따라서 A가 추가 지급 사실을 B에게 알렸다면 B가 추가 지급하지 않았을 것이 명백하기 때문에 A가 매매잔금을 받기 전 또는 받던 중에 그 사실을 알게 되었음에도 이를 알리지 않고 B가 주는 돈을 그대로 받은 것은 적극적으로 속인 경우와 마찬가지라고 평가하여야 한다. 결국 A는 무죄가 아니라 사기죄에 해당한다. 참고로 사기죄는 10년 이하의 징역 또는 2천만원 이하의 벌금에 처한다. ※ 매매잔금을 받

은 후 초과 지급 사실을 알게 되었을 경우라면 알리지 않는 것이 더 이상 사기의 수단으로서의 의미가 없으므로 돈을 그대로 받은 행동은 사기죄가 아니라 '점유이탈물횡령죄'에 해당한다.

Q2 A는 백화점에서 신상품에 대하여 판매시작부터 종전가격 및 할인가격을 비교표시하여 곧바로 세일에 들어가는 이른바 변칙세일을 하여 유인된 소비자들에게 해당 상품을 판매하였다. 이에 대해 A는 "판매전략이고 판매기술일 뿐이고 이미 다 그렇게 광고한다. 소비자들도 어느 정도는 그런 점을 감안하고 나름대로 가격을 비교해보고 구매를 결정하기 때문에 손해를 입었다고 보기도 어렵다."라고 말하고 있다. A는 '사기죄'에 해당할 것인가?

A2 다소의 과장, 거짓의 선전·광고는 일반상거래의 관행과 신의칙(신의성실의 원칙)에 비추어 사기행위로 볼 수 없다. 그러나 거래에 있어 중요한 사항에 관하여 구체적 사실을 거래상 신의칙에 비추어 비난받을 정도의 방법으로 거짓으로 알린 경우 사기행위에 해당한다. 한편 사기죄의 본질은 속여서 이득을 얻는 것에 있고 상대방에게 현실적으로 재산상 손해가 발생할 필요가 없다. 따라서 A는 진실규명이 가능한 구체적 사실인 가격조건에 관하여 속인 것으로 사회적으로 용인될 수 있는 상술의 정도를 넘은 것이므로 소비자들이 손해를 입었는지와는 무관하게 사기행위를 한 것이

다. 결국 A는 무죄가 아니라 사기죄에 해당한다. 참고로 사기죄는 10년 이하의 징역 또는 2천만원 이하의 벌금에 처한다.

Q3 상가 관리소장 A는 입주자들이 관리비를 잘 내지 않아 자신의 월급도 잘 받지 못하고 있었다. 이에 A는 개인용도로 사용할 의도였음에도 B에게 상가의 전기요금으로 납부할 것이고 3개월 후에 틀림없이 갚을 것이라고 거짓말하여 돈을 빌렸으나 이를 갚지 않았다. 이에 대해 A는 "처음부터 갚을 생각이었고, 재력이 충분한 C에게 부탁해서 보증도 서게 하였다. 결과적으로 잠깐 문제가 생긴 것뿐이지 처음부터 사기 치려던 게 아니다."라고 주장하고 있다.

A는 '사기죄'에 해당할 것인가?

A3 A가 개인용도로 사용할 것임을 숨겨 이에 착오로 B가 돈을 빌려준 경우로 이를 '용도사기'라고 한다. 이러한 경우 돈을 빌릴 때 그 용도를 사실대로 말했더라면 상대방이 응하지 않았을 경우에는 사기죄에 해당한다. 이 때 담보를 제공하였다는 것만으로는 결론이 달라지지 않는다. 결국 A는 무죄가 아니라 사기죄에 해당한다. 참고로 사기죄는 10년 이하의 징역 또는 2천만원 이하의 벌금에 처한다.

Q4 A는 기업의 재정상태와 경영실적을 실제보다 좋게 보이게 꾸민 보고서를 이용하여 금융기관으로부터 대출을 받았다. 이에 대해 A는 "갚을 생각도 능력도 있었고 충분한 담보도 제공되었다. 피해자의 전체 재산상에 손해가 없고 사후에 대출금이 상환되었다."라고 말하고 있다.
A는 '사기죄'에 해당할 것인가?

A4 사기죄의 본질은 속여서 이득을 얻는 것에 있고 상대방에게 현실적으로 재산상 손해가 발생할 필요가 없다. 따라서 A가 속여서 착각에 빠진 금융기관으로부터 대출을 받음으로써 사기죄가 성립하였고, 갚을 생각과 갚을 능력의 유무 그리고 충분한 담보가 제공되었다거나 피해자의 전체 재산상에 손해가 없고, 사후에 대출금이 상환되었다고 하더라도 사기죄의 성립에는 영향이 없다. 결국 A는 무죄가 아니라 사기죄에 해당한다. 참고로 사기죄는 10년 이하의 징역 또는 2천만원 이하의 벌금에 처한다.

Q5 A는 B와 친하게 지내며 반복적으로 돈거래를 해오던 중 B로부터 2천만 원을 빌린 후 갚지 않고 있다. 돈을 빌릴 당시 A는 보험설계사 일을 계속하고 있었고 자신의 재산을 B에게 담보로 제공하기도 하였으며, A가 B에게 거짓말을 하지는 않았다. 이에 대해 A는 "나중에 돈을 갚기가 어려워지게 된 것이지 처음부터 갚지 않을 생각이었거나 갚지 못할 상

황이 아니었다."라고 주장하고 있다.

A는 '사기죄'에 해당할 것인가?

A5 사기죄가 성립하는지는 행동 당시를 기준으로 판단하여야 하는데, A가 돈을 빌릴 당시에는 보험설계사로 일하고 있었고 가진 재산을 B에게 담보로 제공하는 등으로 갚을 생각도 능력도 있었으므로 비록 그 후에 갚지 않고 있더라도 이는 민사상 채무불이행에 불과하며 형사상 사기죄가 성립하지는 않는다. 또한 B와 A는 친한 사이로 계속적인 거래 관계가 있어 B가 A의 신용 상태를 알고 있다고 보아야 하기 때문에 B는 장래 돈을 갚는 게 늦어지거나 못 갚게 될 위험을 충분히 예상할 수 있는 경우이다. 게다가 A가 돈을 빌릴 당시 돈을 빌리기 위하여 거짓말을 한 적도 없다. 따라서 A가 그 후 제대로 돈을 갚지 못했다는 사실만을 가지고 B를 속였다거나 A에게 사기를 치려는 고의가 있었다고 볼 수 없다. 결국 A는 사기죄가 아니라 무죄에 해당한다.

참고로 사기죄는 10년 이하의 징역 또는 2천만원 이하의 벌금에 처한다.

너머 Law

'사기죄'의 본질은 속여서 이득을 얻는 것에 있지만 실제로 다양한 모습과 형태로 행해지기 때문에 특수한 모습으로 행해져서 잘 알기가 어려운 것 위주로 살펴본다.

'잔전(잔돈)사기' 처럼 이미 스스로 착오에 빠진 사람에게 소극적으로 사실을 알리지 않는 방식으로 속일 수도 있다. 이처럼 착오로 거스름돈을 더 주는 것을 알면서도 아무 말 없이 그대로 받을 경우 사기죄가 될까? 판례는 신의칙(모든 사람은 서로 상대방의 신뢰에 반하지 않도록 성의있게 행동하여야 한다는 원칙)상의 고지의무를 근거로 매매잔금을 받기 전 또는 받던 중 초과지급 사실을 알고도 알리지 않고 그대로 돈을 받은 경우 사기죄에 해당된다고 하였다. '과장광고'의 경우 일반 상거래의 관행이나 신의칙에 비추어 괜찮다고 인정될 정도, 즉 광고대상과 그 광고내용에 다소 차이가 있거나 다소 과장하는 정도라면 이를 사기행위로 볼 수 없으나 거래에 있어서 중요한 사항에 관하여 구체적 사실을, 거래상의 신의성실의 의무에 비추어 비난받을 정도의 방법으로 거짓 광고를 한 경우 사기죄에 해당한다. '용도사기'의 경우 빌린 돈의 용도에 대해 사실대로 말했더라면 상대방이 빌려주지 않았을 경우라면 실제 용도를 숨기고 다른 용도로 사용하겠다고 속인 것도 사기죄에 해당한다.

한편 사기죄의 본질은 속여서 이득을 얻는 것이기 때문에, 속이지 않았으면 지출하지 않았을 돈을 속아서 지출한 그 자체가 재산상 손해가 되는 것이고, 현실적인 재산상 손해가 없더라도 사기죄가 성립한다. 또 사기죄에도 고의가 필요하므로 행동 당시, 즉 돈을 빌릴 당시를 기준으로 갚을 생각과 능력을 가지고 있었다면 그 후 경제사정의 변화 등으로 인하여 돈을 갚지 않고 있더라도 이는 민사상 채무불이행에 불과하며 형사상 사기죄가 성립하지는 않는다.

필자의 Comment

사실 사기죄 자체보다도 이에 당하지 않는 방법을 아는 것이 더 도움이 될 수 있다. 최근의 전세사기의 경우처럼 방법을 알고 조심한다고 해서 막기 어려운 경우 또는 보이스피싱처럼 진화하여 대처가 어려운 경우도 있지만 대부분의 경우 방법을 알면 사기를 잘 당하지 않을 수 있다. 유사한 패턴과 방법의 사기가 반복되고 있으니 판례는 그 해답이 될 수 있다.

참조 판례

대법원 2004. 5. 27. 선고 2003도4531 판결
대법원 1992. 9. 14. 선고 91도2994 판결
대법원 2005. 9. 15. 선고 2003도5382 판결
대법원 2005. 4. 29. 선고 2002도7262 판결
대법원 2016. 4. 28. 선고 2012도14516 판결

회삿돈을 어디에 썼는지 제대로 설명하지 못할 경우 죄가 될까?

'횡령'사건 소식은 하루가 멀다 하고 들려온다. 그런데 이에 단짝처럼 따라오는 게 바로 '배임'이다. '횡령죄'와 '배임죄' 둘 다 타인의 신임관계(믿고 일을 맡긴 관계)를 배반한다는 성질을 가진다는 점에서는 같다. 그러나 횡령죄는 개개의 맡긴 물건에 대한 것임에 반해 배임죄는 전체 재산을 침해하는 것이라는 점에서 차이가 있다. 즉 우리 형법은 재산범죄에서 그 대상을 '재물'과 '재산상의 이익'으로 명확히 구분하여 규정하고 있는데 횡령죄는 재물죄에 포함되고 배임죄는 순수한 이득죄이다. 횡령죄는 타인의 재물을 보관하는 자가 그 재물을 횡령하거나 그 반환을 거부함으로써 성립하는 범죄이다. 그러면 횡령죄에서 구체적으로 어떤 점이 문제되는지 살펴보자.

사건의 Zip

Q1 A는 자신이 거주하던 건물을 B에게 팔았는데, 이 건물은 A와 C가 공동으로 상속한 건물이었다. 이에 대해 A는 횡령죄로 고소되어 "B가 유효하게 소유권을 취득한 게 아니기 때문에 죄가 되지 않는다."라고 주장하고 있다.

A는 '횡령죄'에 해당할 것인가?

A1 횡령죄는 '타인의 재물을 보관하는 자'가 저지를 수 있다. 그런데 부동산에 관한 횡령죄에 있어서 타인의 재물을 보관하는 자의 지위는 동산의 경우와는 달리 부동산에 대한 점유 여부가 아니라 부동산을 제3자에게 유효하게 처분할 수 있는 권능(권리를 주장하고 행사할 수 있는 능력)의 유무에 따라 결정하여야 한다. 따라서 부동산의 공동상속자 중 1인인 A가 이를 혼자 점유하던 중 다른 공동상속인 C의 상속지분을 마음대로 B에게 처분하여도 A에게는 처분권능이 없어 횡령죄가 성립하지 않는다. 결국 A는 횡령죄가 아니라 무죄에 해당한다. 참고로 횡령죄는 5년 이하의 징역 또는 1천 500만원 이하의 벌금에 처한다. ※ 경우에 따라 B를 피해자로 한 사기죄가 성립할 수는 있다.

Q2 부동산 매수인 A는 매도인 B의 승낙을 받고 해당 부동산을 담보로 대출을 받아 잔금을 치르기로 하였는데, 이렇게 대출을 받은 A는 대출금을 마음대로 썼다. 이에 대해 A는 "이는 범죄가 아니고 단순히 약정대로 하지 않은 것일 뿐이다."라고 주장하고 있다.

A는 '횡령죄'에 해당할 것인가?

A2 A, B간의 약정은 잔금의 지급방법의 하나를 정한 것에 불과한 것이므로 A가 B를 위하여 대출금을 '보관하여야 하는 지위'에 있다고 볼 수 없고, A가 대출금을 B에게 지급하지 않은 것은 단순한 민사상의 채무불이행일 뿐 횡령죄는 성립하지 않는다. 결국 A는 횡령죄가 아니라 무죄에 해당한다.

Q3 A는 B와 노인요양병원을 설립·운영하여 수익을 나누어 가지기로 동업약정을 맺고 B로부터 투자금 명목으로 돈을 받은 후 이를 개인적으로 사용하였다. 그런데 이들은 모두 무자격자로 이들의 동업약정은 의료법에 따라 처벌되는 무자격자의 의료기관 개설·운영행위를 목적으로 하는 것이었다. 이에 대해 A는 "결과적으로는 내가 의료법 위반 행위를 막은 것인데 이게 죄가 된다고 하는 것은 이상하다."라고 말하고 있다.

A는 '횡령죄'에 해당할 것인가?

A3 횡령죄에서 보관은 재물의 보관자와 소유자 사이에 위탁(맡겨 부탁함)관계에 따른 것이어야 하는데, 이 위탁관계는 횡령죄로 보호할 만한 가치가 있는 것이어야 한다. 그런데 B의 투자금은 범죄의 실현을 위해 A에게 준 것이므로 이 돈에 관하여 A와 B 사이에 횡령죄로 보호할 만한 신임(믿고 일을 맡김)에 의한 위탁관계는 인정되지 않는다. 따라서 A는 횡령죄에서의 '타인의 재물을 보관하는 자'가 아니다. 결국 A는 횡령죄가 아니라 무죄에 해당한다.

Q4 A가 2천 원을 주며 B에게 시켜 사 온 복권 4장을 친한 사이였던 A, B, C, D가 한 장씩 나누어 B, D가 긁은 복권 2장이 1천 원씩에 당첨되자 이를 다시 복권 4장으로 교환하여 한 장씩 골라잡아 B, C가 긁은 복권 2장이 2천만 원씩에 당첨되었으나 당첨금을 수령한 A가 B, C, D에게 그 당첨금의 반환을 거부하였다. 이에 대해 A는 "내 돈으로 산 내 복권을 B, C, D가 대신 긁어준 것뿐이다."라고 말하고 있다.
A는 '횡령죄'에 해당할 것인가?

A4 횡령죄의 대상은 '타인의 재물'이다. 즉 다른 사람의 소유물이어야 하는데, 여기에는 공동소유물도 포함된다. 그런데 재미 삼아 같이 복권을 긁은 A 등 4명은 친한 사이인 점, 복권 1장의 값이 500원에 지나지 않는 점, 첫 번째 당첨 복권도 교환해서 A 등 4명이 각자 골라잡아 당첨 여부를 확인한

점 등에 비추어 당첨금을 공평하게 나누기로 하는 묵시적 인 합의가 있었다고 보아야 한다. 따라서 A가 공유하는 당첨금을 대표로서 수령한 후 B, C, D에게 반환을 거부한 것은 타인의 재물을 횡령한 것이다. 결국 A는 무죄가 아니라 횡령죄에 해당한다. 참고로 횡령죄는 5년 이하의 징역 또는 1천500만원 이하의 벌금에 처한다.

Q5 대표이사 A는 회사의 돈을 인출하여 사용하였는데 그 사용처에 관한 증빙자료를 제시하지도 그 인출사유와 사용처에 관하여 납득할 만한 합리적인 설명을 하지도 못하고 있다. 한편 A가 회삿돈을 자기 것처럼 쓴 것인지 아니면 회사의 이익을 위해 쓴 것인지는 명확하지 않으나 나머지 점에 대해서는 모두 증명되었다. 이에 대해 A는 "개인적인 용도로 사용한 것이 아니라 회사를 위한 용도로 사용되었다."라고 주장하고 있다.

A는 '업무상 횡령죄'에 해당할 것인가?

A5 횡령죄의 본질은 위탁물을 불법하게 영득(취득하여 제 것으로 만듦)하는 데 있다. 따라서 횡령죄는 고의 이외에 '불법영득의사'가 있어야 성립한다. 여기서 불법영득의사란 타인의 재물을 마치 자기의 소유물 같이 여기는 의사로, 이는 A처럼 사용처 등에 대해 제대로 설명하지 못하는 경우 추단(미루어 판단함)될 수 있다. 따라서 A의 경우 불법영득의사로 개

인적 용도로 사용한 것을 인정할 수 있고 나머지는 증명되었으므로 이는 횡령에 해당되고 A는 대표이사이므로 이를 업무상 횡령한 것이다. 결국 A는 무죄가 아니라 업무상 횡령죄에 해당한다. 참고로 업무상 횡령죄는 10년 이하의 징역 또는 3천만원 이하의 벌금에 처한다. ※ 반면 임직원에게 그 사용처 등에 대한 판단이 맡겨져 있는 판공비 또는 업무추진비의 경우라면 단지 그 사용처 등에 대해 제대로 설명하지 못하고 있다고 하여 불법영득의사가 추단되지 않는다.

너머 Law

'횡령죄'는 타인소유, 자기점유의 재물을 대상으로 한다. 자기점유를 법에서는 '보관하는 자'라고 표현하고 있는데 행위자가 보관 중이기 때문에 자기 물건처럼 쉽게 처분해 버릴 수 있다는 의미를 내포한다. 따라서 부동산의 보관은 그 부동산을 유효하게 처분할 수 있는지를 기준으로 결정한다. 따라서 부동산을 제3자에게 팔아서 마치 겉으로는 횡령한 것처럼 보이는 경우라도 실제로 권리자가 아닌 경우 횡령죄가 성립하지 않는다. 동산의 경우에도 예를 들어 타인의 돈을 위탁(맡겨 부탁함)받은 후 이를 은행에 예금한 경우 실제로 돈을 점유하고 있는 것이 아니더라도 쉽게 다시 이를 인출해 처분할 수 있으므로 이 경우에도 결국 보관하는 자에 해당된다. 횡령죄는 '타인소유'의 재물을 대상으로 한다. 따라서 예를 들어 매수인이 매도인과 약정으로 매매대상인 부동산을 담보로 하여 빌린 돈으로 잔금을 치르려고 합의했음에도 이 돈을 매수인이 마음대로 소비한 경우, 일단 매수인 명의로 돈을 빌렸기 때문에 이 돈은 일단 매수인소유, 즉 '자기소유'에 해당되고 이를 매도인에게 지급하지 않은 것은 단순한 약정 위반으로 이는 민사상의 채무불이행에 불과하므로 횡령죄는 성립하지 않는다.

횡령죄는 신임관계(믿고 일을 맡긴 관계)를 배신하는 범죄이므로 보관은 '위탁관계'에 의한 것임을 요한다. 그런데 예를 들어 범죄를 저지르라고 돈을 준 경우처럼 이러한 위탁관계를 보호해줄 가치가 없는 경우라면 설사 돈을 받은 사람이 횡령하더라도 횡령죄가 성립하지 않는다.

횡령죄가 성립하려면 주관적 요건으로 고의가 필요하다. 그런데 횡령죄를 포함하여 대부분의 재산범죄에는 주관적 요건으로 추가적으로 '불법영득의사'가 있어야 한다. 여기서 불법영득의사란 타인의 재물을 '불법'하게 '영득(취득하여 제 것으로 만듦)'하려는 '의사'로, 타인의 재물을 마치 '자기 재물처럼 사용하는 마음'을 말한다. 따라서 '보관자'가 소유자의 이익을 위해 이를 처분한 경우 불법영득의사가 부정되어 횡령죄가 성립되지 않는다.

필자의 Comment

횡령죄의 경우에 우리가 쉽게 마주할 수 있는 상황으로, 타인으로부터 용도가 엄격히 제한된 자금을 위탁받아 집행하면서 그 제한된 용도 이외의 목적으로 자금을 사용하는 경우를 들 수 있다. 이러한 경우 그 사용이 개인적인 목적에서 비롯된 경우는 물론 결과적으로 자금을 위탁한 본인을 위하는 면이 있더라도 그 사용행위 자체로써 횡령죄가 성립한다. 따라서 용도가 엄격히 제한된 경우 자기 자신의 이익을 위한 것이 아니라는 변명은 통하지 않으므로 주의하자.

참조 판례

대법원 2000. 4. 11. 선고 2000도565 판결
대법원 2005. 9. 29. 선고 2005도4809 판결
대법원 2022. 6. 30. 선고 2017도21286 판결
대법원 2000. 11. 10. 선고 2000도4335 판결
대법원 2013. 6. 27. 선고 2013도2510 판결

원인불명으로 이체받은 비트코인을 사용한 경우 죄가 될까?

'배임죄'는 횡령죄와 '배반'하는 것이라는 점에서 같지만 '횡령'은 '재물', '배임'은 '재산상의 이익'을 대상으로 한다는 점에서 차이가 있다. 재물은 돈이나 그 밖의 재산적 가치 있는 물건을 말하고, 재산상의 이익은 재물 이외의 일체의 재산적 가치 있는 이익을 의미한다. 배임죄는 타인의 사무를 처리하는 자가 그 임무에 위배하는 행위로써 재산상의 이익을 취득하거나 제3자로 하여금 이를 취득하게 하여 임무를 맡긴 본인에게 손해를 가한 때에 성립한다. 즉 배임죄의 본질은 타인의 재산을 보호할 의무 있는 자가 타인의 신뢰를 배반하여 그 사람에게 손해를 가하는 점에 있다. 그러면 배임죄를 살펴보자.

사건의 Zip

Q1 은행직원 A는 B 등 9명으로부터 신청을 받아 은행에 B 등 명의로 대출신청을 하였다. 그런데 A는 B 등의 새로 발급한 통장을 전달하지 않거나 기존 통장을 새로 발급하여 그 계좌에 입금된 대출금을 인출하거나 이체하여 마음대로 썼다. 이에 대해 A는 "나는 B 등의 사무를 처리하는 자가 아니고 B 등은 여전히 은행에 대출금 반환을 구할 수 있으니 B 등에게 배임한 게 아니다."라고 말하고 있다.

A는 B 등 9명에 대한 관계에서 '업무상 배임죄'에 해당할 것인가?

A1 B 등의 명의 예금계좌에 입금된 대출금은 은행 소유이고 그 직원 A가 대출금을 관리하고 통장을 예금주에게 주는 것은 은행의 업무이며 예금주인 B 등의 사무라고 볼 수 없으므로, A가 B 등과의 사이에서 B 등의 재산관리에 관한 사무를 처리하는 지위에 있다고 할 수 없다. 또 대출금을 A가 권한 없이 인출한 이상 B 등은 여전히 은행에 그 반환을 구할 수 있으므로 B 등에게 재산상의 손해가 발생하였다고 할 수도 없다. 따라서 '타인의 사무를 처리하는 자', '본인에게 손해를 가한 때'에 해당하지 않으므로 B 등 9명에 대한 관계에서 업무상 배임죄가 성립한다고 할 수 없다. 결국 A는 업무

상 배임죄가 아니라 무죄에 해당한다. 참고로 업무상 배임죄는 10년 이하의 징역 또는 3천만원 이하의 벌금에 처한다.

Q2 A는 알 수 없는 경위로 비트코인을 자신의 계정으로 이체받은 후 이를 자신의 다른 계정으로 이체하였다. 이에 대해 A는 "가상자산은 돈과는 다르게 보아야 한다. 나는 피해자와 아무런 관계가 없는 사람이므로 피해자의 사무를 처리하는 자가 아니다."라고 주장하고 있다.
A는 '배임죄'에 해당할 것인가?

A2 가상자산은 법정화폐에 순하는 규제가 이루어지지 않는 등 법정화폐와 동일하게 취급되지 않고 그 거래에 위험이 수반되므로, 형법을 적용하면서 법정화폐와 동일하게 보호해야 하는 것은 아니다. 원인불명으로 재산상 이익인 가상자산을 이체 받은 자가 이를 사용한 경우 이를 형사처벌하는 명문의 규정이 없는 현재 상황에서 착오송금은 횡령죄가 된다는 판례를 유추하여 신의칙(모든 사람은 사회의 일원으로서 상대편의 신뢰에 어긋나지 않도록 성의 있게 행동하여야 한다는 원칙)을 근거로 배임죄로 처벌하는 것은 죄형법정주의(범죄와 형벌을 미리 법률로써 규정하여야 한다는 원칙)에 위반된다. 따라서 A가 신임관계(믿고 일을 맡긴 관계)에 기초하여 피해자의 사무를 맡아 처리하는 것으로 볼 수 없어 '타인의 사무를 처리하는

자'에 해당한다고 할 수 없다. 결국 A는 배임죄가 아니라 무죄에 해당한다. 참고로 배임죄는 5년 이하의 징역 또는 1천 500만원 이하의 벌금에 처한다.

Q3 대표이사 A는 회사의 채권자 B와 빌린 돈 3억 8,500만 원 대신 회사 소유인 어획물 66t을 2억 3,500만 원으로 계산하고, 회사의 선박을 1억 원으로 계산하여 이들을 주어 모두 갚는 것으로 하는 계약을 체결한 후 계약대로 이행하였다. 그런데 이후 선박의 경우 주주총회의 특별결의를 거치지 않아 계약 등이 전부 법률상 당연무효에 해당되고, 어획물의 객관적 가치는 8,000만 원 정도이고 선박에는 근저당권이 설정되어 있어 실제 가치가 거의 없었다는 점이 밝혀졌다. 이에 대해 A는 "무효이기 때문에 회사가 손해를 입은 것이 아니다. 더 비싸게 팔았으니 오히려 회사에 이익을 준 것이지 손해를 준 것으로 볼 수 없다."라고 말하고 있다.

A는 '업무상 배임죄'에 해당할 것인가?

A3 배임죄는 '재산상의 손해를 가한 때' 성립하는데 이는 현실적인 손해를 가한 경우뿐만 아니라 그 위험을 초래한 경우도 포함되고, 재산상 손해의 유무에 대한 판단은 법률적 판단에 의하지 않고 경제적 관점에서 파악하여야 한다. 그러므로 선박에 대한 계약이나 그 소유권을 넘겨준 것이 법률상 당연무효이더라도 경제적 관점에서 회사에게 적어도 현

실적인 손해를 가하였거나 그 위험을 초래하였다. 그러나 사안처럼 재산상의 손실을 야기한 임무위배행위가 동시에 그 손실을 보상할 만한 재산상의 이익을 준 경우는 전체적 재산가치의 감소, 즉 재산상 손해가 있다고 할 수 없다. 결국 A는 업무상 배임죄가 아니라 무죄에 해당한다.

Q4 A는 B에게 버스 1대를 3,600만 원에 팔기로 하여 B로부터 계약금 및 중도금 명목으로 2,000만 원을 지급받았음에도 그 버스에 관하여 C금고에게 공동근저당권을 설정하여 주었다. 이에 대해 A는 "부동산 이중매매와는 다르게 봐야 한다. 버스도 동산이므로 버스를 B에게 줘야 하는 건 내 사무일 뿐 B의 사무를 맡아 처리하는 것이 아니다."라고 주장하고 있다.

A는 '배임죄'에 해당할 것인가?

A4 '동산 이중매매 등'에 속하는 문제이다. 매매처럼 쌍방이 그 계약 내용대로 이행해야 할 채무는 특별한 사정이 없는 한 '자기의 사무'에 해당하는 것이 원칙이다. 동산 매매계약에서의 매도인은 매수인에 대하여 그의 사무를 처리하는 지위에 있지 않다. 이는 권리이전에 등기·등록이 필요한 동산의 경우에도 같다. 따라서 A가 B에 대하여 지고 있는 버스에 관한 소유권이전등록의무는 자신의 사무일 뿐이므로 '타인의 사무를 처리하는 자'가 아닌 A가 버스에 공동근저

당권을 설정하였더라도 배임죄가 성립하지 않는다. 결국 A는 배임죄가 아니라 무죄에 해당한다. 참고로 배임죄는 5년 이하의 징역 또는 1천500만원 이하의 벌금에 처한다.

너머 Law

'배임'은 임무 위배를 말한다. 그런데 '배임죄'는 재산범죄이다. 따라서 모든 임무 위배의 경우가 배임죄가 되는 것이 아니다. 또 그 임무는 타인의 사무를 처리하면서 발생되는 임무이므로 상대방에 대해 지게 되는 모든 의무가 이러한 타인의 사무에 해당되는 것은 아니다. 결국 '타인의 사무'인지 '자신의 사무'인지의 구별이 중요하다. 타인의 사무가 되기 위해서는 타인의 재산을 보호·관리해야 할 의무가 주된 의무인 경우여야 한다. 따라서 상대방의 재산보호가 본질적 내용이 아닌 보통의 계약관계에서의 일반적인 성실이행의무나 계약을 이행함에 있어 상대방을 보호하거나 배려할 의무 등 부수적 의무인 것만으로는 부족하다. 또 '사무'는 재산상의 사무에 제한된다.

배임죄는 재산범죄이기 때문이다. '사무처리의 근거', 즉 신임관계(믿고 일을 맡긴 관계)의 발생근거는 법령의 규정, 법률행위(계약 등), 관습 또는 사무관리(의무 없이 타인을 위하여 그의 사무를 처리하는 행위)에 의하여도 발생할 수 있다. '배임행위'는 '임무에 위배하는 행위로 재산상의 이익을 취득하여 임무를 맡긴 본인에게 손해를 가하는 것'이다. 따라서 재산상의 손해가 발생해야 하는데, 재산상 실질적 손해 발생의 위험을 초래한 경우도 포함된다. 다만 손해의 위험은 막연한 위험이 있는 것만으로는 부족하고 경제적인 관점에서 보아 손해가 발생한 것과 같은 정도로 구체적인 위험이 있는 경우를 의미한다.

'부동산 이중매매'의 경우 매도인의 등기협력의무는 매수인의 재산보호를 본질적 내용으로 하는 '타인의 사무'가 된다. 그런데 중도금을 지급하면 매도인이 계약을 일방적으로 해제할 수 없으므로 이때부터 등기협력의무를 가지고 '타인의 사무를 처리하는 자'가 된다. 이러한 상태에서 매도인이 다시 제3자와 계약한 후 중도금을 수령한 때 배임행위가 시작되는 것이고 제3자에게 소유권이전등기를 마친 때 배임죄가 성립한다. 반면 '동산 이중매매', '부동산 이중저당'의 경우 '자신의 사무'의 경우로 배임죄가 성립하지 않는다.

필자의 Comment

부동산 이중매매의 경우 특히 부동산 가격이 급등할 때 많이 발생할 수 있거나 혹은 주변에서 충분히 접할 가능성이 있는 경우이다. 이 경우에 배임죄로 형사고소도 할 수 있지만 손해배상을 받는다던가 가등기 설정, 근저당권 설정 등 예방책이나 대비책을 세우는 것이 더욱 중요할 수 있다. 따라서 배임죄는 물론이고 다른 예방책이나 대비책을 잘 알기 위해서 민법도 알아두면 많은 도움이 될 것이다.

참조 판례

대법원 2017. 8. 24. 선고 2017도7489 판결
대법원 2021. 12. 16. 선고 2020도9789 판결
대법원 2005. 4. 15. 선고 2004도7053 판결
대법원 2020. 10. 22. 선고 2020도6258 전원합의체 판결

싸길래 도둑으로부터 훔친 물건인지 모르고 산 경우에도 죄가 될까?

'장물죄'는 훔쳐온 물건을 처분해주는 경우 성립하는 범죄 정도로 알고 있을 것이다. 장물죄는 장물을 취득·양도·운반·보관·알선하면 성립하는 범죄이다. 여기서 장물 발생의 원인이 되는 범죄 또는 그 범인을 '본범'이라고 한다. 장물죄는 피해자의 정당한 반환청구권 행사를 어렵게 하고 본범에 의한 위법한 재산상태를 본범 또는 재물의 점유자와 합의 아래 유지·존속시키는 데에 본질이 있다. '장물'이란 재산범죄에 의하여 영득(취득하여 제 것으로 만듦)한 재물을 말한다. 최근 '중고나라', '당근', '번개장터' 등 중고거래 전용 플랫폼을 통한 거래가 활성화되어 우리 모두 장물죄에 연루될 가능성도 커졌다. 특히 몰랐다고 발뺌해도 장물죄로 처벌될 수 있는 경우가 있으니 장물죄에 대한 확실한 이해가 필요하다. 그러면 장물죄를 살펴보자.

사건의 Zip

Q1 회사 과장 B는 자신이 감원 대상임을 알고서 이에 반발하여 거래처로부터 물품대금으로 받아 보관중이던 약속어음 액면 합계 4억 원을 권한이 없음에도 권한이 있는 것처럼 꾸며 C에게 주고 3억 8천만 원을 자기앞수표와 현금으로 받아 은행에 예치하였다가 다시 현금으로 인출하였다. B로부터 그 중 8천만 원을 보관하여 달라는 부탁을 받은 A는 사정을 다 알면서도 이를 받아 집에 보관하였다. 이에 대해 A는 "나는 속은 C의 돈을 받은 게 아니다. 내가 받은 건 은행돈이다. 은행돈이 어떻게 장물인가?"라고 말하고 있다.
A는 '장물보관죄'에 해당할 것인가?

A1 B가 보관하던 회사의 약속어음을 자기 것처럼 C에게 준 행위는 업무상 횡령죄에 해당하고, 권한이 있는 것처럼 C를 속여 3억 8천만 원을 자기앞수표와 현금으로 받은 행위는 사기죄에 해당한다. 따라서 3억 8천만 원의 자기앞수표와 현금은 사기죄로 취득한 재물로서 장물이 된다. 그런데 B는 이를 다시 은행에 예치하였다가 다시 현금으로 찾았으므로 이 현금 역시 장물이 되는지가 문제된다. 장물이란 재산범죄로 취득한 물건 그 자체를 말하고 그 장물의 처분대가 등 대체장물은 장물성을 상실하는 것이지만, 판례는 금전은 고

도의 대체성 및 그 가치의 중요성 등에 비추어, 인출된 현금은 당초의 현금과 물리적으로 동일하진 않지만 금전적 가치에는 변동이 없으므로 장물로서의 성질이 그대로 유지된다고 보고, 자기앞수표 역시 거래상 현금과 동일하게 취급되고 있는 점에서 동일하다고 보는 입장이다. 결국 A는 무죄가 아니라 장물보관죄에 해당한다. 참고로 장물보관죄는 7년 이하의 징역 또는 1천500만원 이하의 벌금에 처한다.

Q2 매수인 A는 장물인지 모르고 매매계약을 체결하였다가 장물이라는 점을 알고도 물건을 취득하였다. 이에 대해 A는 "계약 체결시에는 몰랐으니 계약대로 이행해야 할 의무가 발생한 것이나. 따라서 그 의무대로 한 것은 죄가 아니다." 라고 주장하고 있다.

A는 '장물취득죄'에 해당할 것인가?

A2 장물취득죄에서도 고의가 필요하다. 즉 장물이라는 점을 알면서도 취득해야 한다. 즉 취득시(장물을 인도받을 때)에 장물이라는 점에 대한 인식이 필요하다. 따라서 계약시에는 몰랐다고 하더라도 그 후 장물임을 알고 인도를 받았다면 장물취득죄가 성립한다. 결국 A는 무죄가 아니라 장물취득죄에 해당한다. 참고로 장물취득죄는 7년 이하의 징역 또는 1천500만원 이하의 벌금에 처한다. ※ 따라서 만약 '자전거의 인도를 받은 후에 비로소 장물이 아닌가 하는 의구심을 가진 경우'라면 장물

취득죄가 성립하지 않는다.

Q3 A는 B에게 돈을 빌려주면서 그 담보조로 B가 훔쳐온 수표를 받은 후 3일 후에 그 수표가 장물이라는 사실을 알게 되었음에도 계속 보관하였다. 이에 대해 A는 "담보로 받은 것이므로 나에게도 수표를 가지고 있을 권한이 있다."라고 주장하고 있다.

A는 '장물보관죄'에 해당할 것인가?

A3 장물임을 모르고 보관하였다가 그 후에 장물임을 알게 된 경우 이를 알고서도 계속하여 보관하는 행위는 장물보관죄에 해당되나 이 경우에도 점유할 권한이 있는 때에는 이를 계속하여 보관하더라도 장물보관죄가 성립하지 않는다. 한편 A가 담보로 수표를 받은 경우이므로 이는 점유할 권한에 해당한다. 결국 A는 장물보관죄가 아니라 무죄에 해당한다. ※ 만약 '분실신고된 수표라면서 맡긴 수표를 보관하다가 도난당한 수표임을 알게 되었고 반환할 수 있었음에도 계속 보관한 경우'라면 장물보관죄에 해당한다.

Q4 전당포주 A는 B가 강도짓을 통해 빼어온 중고 롤렉스 손목시계 1개를 주민등록증을 확인한 후 전당잡아 보관하다가 취득하였다. 한편 주민등록증을 통해 B의 주소지가 전당포와 멀리 떨어진 곳이라는 사실 및 B의 나이가 20세라는 사

실을 알 수 있었다. 이에 대해 A는 "주민등록증을 확인하면 되는 것이지 일일이 실제로 상대방 소유인지 등을 확인해야 할 의무는 없다."라고 주장하고 있다.

A는 '업무상과실장물취득죄'에 해당할 것인가?

A4 B가 자신의 주소지와 멀리 떨어진 전당포에 굳이 왔고 B의 나이가 20세에 불과하여 롤렉스 손목시계를 소지하기에는 부적합하다는 특별한 사정이 있는 경우이다. 이러한 경우 전당포주가 물품을 전당잡고자 할 때는 전당물주의 주소, 성명, 직업, 나이와 그 물품의 출처, 특징 및 전당잡히려는 동기, 그 신분에 상응한 소지인지의 여부 등을 알아 보아야 할 업무상의 주의의무가 있고 이를 게을리하여 장물임을 모르고 전당잡은 경우에는 업무상과실장물취득죄가 성립할 수 있다. 그런데 A는 B의 직업, 물품의 특징 등을 물어 그 물품이 장물인지의 여부를 세심히 살피지 않고 단순히 주민등록증만 확인하고 이를 전당잡아 장물을 보관하다가 취득하였다. 결국 A는 무죄가 아니라 업무상과실장물취득죄에 해당한다.

참고로 업무상과실장물취득죄는 1년 이하의 금고 또는 500만원 이하의 벌금에 처한다.

Q5 전당포를 경영하는 A는 과거 5~6년간 한 동네에서 살았고, 2회가량 자기 소유의 노트북을 전당잡혀 그 기간 내에 전당물을 찾아간 바 있던 B로부터 장물인 시가 72만 원 상당의 노트북을 받으면서 그 소유관계를 물으니 자기 소유라고 대답하여 주민등록증을 제시받아 전당물대장에 주소, 성명, 직업, 주민등록번호, 나이 등을 기재하고 금 15만 원을 B에게 대여하였다. 이에 대해 A는 "이 동네에 사는 B와 몇 번 거래도 해본 적이 있어 소유관계를 묻고 주민등록증을 제시받은 정도만으로도 충분하다고 생각했다."라고 말하고 있다.

A는 '업무상과실장물취득죄'에 해당할 것인가?

A5 B는 과거 한 동네에서 오래 살았고, 이미 2회가량 자기소유인 노트북을 전당잡혀 찾아간 바도 있었으며, 장물인 전당물 역시 노트북으로 같은 종류이고, 72만 원은 고가로 보기도 어려우므로 A로서는 전당포 경영자로서의 주의의무를 다한 것이고, 더 나아가 노트북이 실제로 B의 소유인지나 노트북의 출처, 전당잡히려는 동기 등을 확인하여야 할 주의의무까지는 없다. 결국 A는 업무상과실장물취득죄가 아니라 무죄에 해당한다. 참고로 업무상과실장물취득죄는 1년 이하의 금고 또는 500만원 이하의 벌금에 처한다.

너머 Law

'장물'은 도난품처럼 '재산죄인 범죄행위에 의하여 영득(취득하여 제 것으로 만듦)된 물건'을 말한다. 먼저 대상으로서 장물은 재물(물건)이어야 한다. 장물은 재산범죄에 의하여 영득한 재물 그 자체이거나 적어도 그것과 동일성이 인정되는 것이어야 한다. 따라서 장물의 매각대금, 장물인 금전으로 구입한 물건 등 '대체장물'의 경우 장물성이 부정된다. 그런데 '환전한 현금', '자기앞수표와 교환된 현금'의 경우도 이론상 대체장물의 일종으로 장물이 아니라고 볼 수 있는데, 판례는 이 역시 장물이라고 한다. 다음으로 본범(장물발생의 원인인 범죄)은 재산범죄임과 동시에 영득(취득하여 제 것으로 만듦)죄여야 한다. 영득된 물건이 장물이 되기 때문이다. 따라서 본범은 절도죄, 강도죄, 사기죄, 공갈죄, 횡령죄 등이어야 하고, 이득죄인 배임죄나 재물의 영득이 없는 손괴죄는 본범이 될 수 없다. 마지막으로 장물죄의 본질과 관련하여 본범에 의해서 형성된 위법한 재산상태가 존재해야만 장물이 된다. 예를 들어 피해자가 소유권을 포기하는 등으로 본범이 하자(흠) 없는 소유권을 취득하게 되면 더 이상 위법한 재산상태가 존재하지 않아 장물성이 상실되고 이를 취득하더라도 장물취득죄가 성립되지 않는다.

'업무상과실·중과실장물죄'는 장물인 점을 몰랐지만 충분한 주의를 기울이지 못해 실수로, 즉 과실로 장물죄를 범한 경우이다. 전당포나 금은방 등을 하는 경우 '업무'에 해당될 수 있고, 중과실은 주의의무를 현저히 태만히 한 경우를 말한다. 일반적으로는 주민등록증을 확인하는 등으로 신원확인절차를 거친 경우 주의의무를 다한 것으로 평가하지만 장물인지의 여부를 의심할 만한 특별한 사정이 있는 경우에는 물건이 실제로 상대방의 소유인지나 물건의 출처 등을 추가적으로 확인해야 할 주의의무가 있다. 즉 구체적인 상황에 따라 주의의무의 내용이 달라질 수 있고 그에 따라 이 죄의 성립 여부 역시 달라질 수 있다.

필자의 Comment

특히 요즘은 중고거래 전용 플랫폼을 통한 거래가 활성화되어 생각지도 못한 상황에서 경찰로부터 장물이라고 연락을 받고 당황할 수 있다. 미필적 고의나 중과실만으로도 장물 관련 범죄가 성립될 수 있으나 여러 이유로 인해 실제로 장물 관련 범죄로 처벌될 가능성은 낮을 것이다. 다만 이미 잘 알다시피 가격이 이상하리만치 저렴하다거나 하는 등으로 특별한 사정이 있는 경우 애초에 그 물건에 손을 대지 않거나 충분히 확인하는 절차를 거칠 필요는 있다.

참조 판례

대법원 2000. 3. 10. 선고 98도2579 판결
대법원 1960. 2. 17. 선고 4292형상496 판결
대법원 1986. 1. 21. 선고 85도2472 판결
대법원 1985. 2. 26. 선고 84도2732, 84감도429 판결
대법원 1987. 2. 24. 선고 86도2077 판결

다른 사람 물건을 잠깐 사용한 후 돌려준 경우에도 죄가 될까?

학창시절에 지우개를 빌려본 경험은 대부분 있을 것이다. 그런데 예를 들어 싸우거나 해서 매우 사이가 좋지 않은 친구가 잠깐 자리를 비운 사이 급하게 필요해서 그 친구의 지우개를 말 없이 잠깐 빌려쓴 다음 돌려준 경우를 생각해보자. 이 경우 죄가 될까? 언뜻 절도죄가 떠오를 수 있다.

그런데 이렇게 타인의 물건을 무단으로 일시적으로 사용한 후 소유자에게 반환하는 경우를 '사용절도'라 하는데, 이러한 사용절도는 절도죄로 처벌할 수 없다. 이유를 알아보자.

범죄는 원칙적으로 고의로 저지르는 것이다. 즉 주관적 요건으로 고의가 있어야 한다. 그런데 절도죄의 경우에는 이러한 고의에 더해서 주관적 요건으로 '불법영득의사'라는 것이 필요하다. 여기서 불법영득의사란 '불법'하게 '영득'하려는 '의사'로 '영득'이란 '취득하여 제 것으로 만듦'이라는 의미이다. 즉 권리자를 '배제'하고 타인의 물건을 자기 소유물처럼 '이용'하려는 '의사'이다. 결론적으로 불법영득의사는 '배제의사'와 '이용의사'로 구성되어 있음을 알 수 있는데, 사용절도는 권리자를 계속적으로 배제한다는 배제의사가 없어 결국 절도죄의 성립에 필요한 불법영득의사가 없기 때문에 절도죄로 처벌할 수 없다. 소유권을 지키기 위해 절도죄로 처벌하는 것이므로 이러한 소유권을 침해할 의사가 없는 사용절도는 처벌되지 않는다. 다만 사용절도의 대상이 자동차, 선박, 항공기, 원동기장치자전거인 경우 자동차 등의 불법사용으로 인해 실제 피해가 증가하고 있고 피해자의 감정을 고려하는 차원에서 자동차 등 불법사용죄로 예외적으로 처벌하도록 하고 있다.

사용절도가 되기 위해서는 일시적인 사용에 그쳐야 하고, 사용으로 가치가 감소되어서는 안되며, 반환의사가 존재해야 한다. 따라서 '4개월 가까이 지난 시점에서 반환한 경우'처럼 소유자가 물건을 잃어버렸다고 생각하고 새 물건으로 대체하려 하는 정도로 계속 사용하는 경우, 물건의 가치를 감소·소멸시킨 경우, 확실하게 반환하지 않고 '다른 장소에 버리거나 본래 있던 곳에서 약 7~8m 떨어진 곳에 방치'한 경우 모두 절도죄가 성립한다. 다만 예를 들어 지우개를 조금 사용하는 것이나 볼펜의 사용으로 그 잉크가 조금 소모되는 것과 같이 그 사용으로 인한 가치의 소모가 무시할 정도로 경미하다면 사용절도에 해당될 수 있다.

참고로 불법영득의사는 절도죄 외에도 강도죄, 사기죄, 공갈죄, 횡령죄 등에서도 필요하기 때문에 재산범죄에서 중요하다. 한편 같은 재산범죄이지만 손괴죄는 불법영득의사를 필요로 하지 않는다.

결국 사용절도, 즉 다른 사람의 물건을 잠깐 사용하는 정도로는 법이 끼어들어 처벌하지 않겠다는 것이다. 그러나 사용절도에 해당되어 처벌되지 않는다고 해서 모든 책임을 지지 않게 되는 것은 아니다. 경우에 따라서는 손해를 배상해야 할 수도 있으니 '인생은 실전'임을 기억해두자. 나중에 후회해봐야 소용 없으니!

내 권리
내가 행사하겠다는데
법이 무슨 상관이야

권리행사는 정당한 행사일 경우에만 법의 보호를 받을 수 있다. 권리행사를 빙자해서 타인을 해치거나 타인의 권리를 침해하는 자는 법이 보호하지 않으며 보호해서도 안된다. 외형상 권리 행사로 보이지만 사회상규에 위반될 정도로 지나친 경우라면 이는 권리남용에 해당되고 심지어 범죄가 되어 처벌될 수도 있다. 물론 정당한 권리행사의 경우 그 실현을 위해 법이 도와줘야 하는데 정당한 권리행사라도 말로 타협하지 못하고 권리행사로 나아가게 된 상황이라면 그 자체로 일정한 강제력행사를 하겠다는 것이므로 이는 필연적으로 권리의 충돌이나 갈등으로 이어지게 된다. 따라서 정당한 권리행사와 처벌되는 권리남용을 나누는 기준이 중요하다. 그런데 범죄에 따라 이 기준이 비교적 명확한 경우도 있고 여러 사정들을 고려해서 판단해야 하는 경우도 있다. 특히 요즘은 사적 제재에 열광하는 시대인 듯 하나 이러한 방법 역시 권리남용에 해당될 수 있고 모두에게 불행한 결말로 이어질 수 있으니 이와 관련된 범죄에 대해서도 관심을 갖고 알아보자.

7부에서는 '협박죄', '권리행사방해죄', '일반교통방해죄', '주거침입죄'를 통해 권리행사에 법이 관여해야 하는 경우 및 추가적으로 각 범죄를 이해함에 필요한 내용들을 살펴본다.

내 돈 안 갚으면 고소하겠다고 한 것도 협박일까?

'협박죄'는 해악을 고지해서 개인의 의사결정의 자유를 침해하는 범죄다. '협박'은 협박죄 이외에도 여러 범죄에서 기본적인 수단이 된다. 그런데 협박은 일반적으로 공포심을 생기게 할 만한 해악을 고지하는 '광의의 협박', 상대방이 현실적으로 공포심을 느낄 수 있을 정도의 해악을 고지하는 '협의의 협박', 상대방의 반항을 불가능하게 하거나 현저히 곤란하게 할 정도의 해악을 고지하는 '최협의의 협박'이 있고 각 범죄에서 요구되는 협박은 다르다. 협박죄의 협박은 이 중 광의의 협박이다. 따라서 '일반적으로 공포심을 일으키는 협박'의 정도를 포함하여 협박죄의 핵심적인 내용들을 살펴보자.

사건의 Zip

Q1 A는 혼자 술을 마시던 중 B정당이 국회에서 예산안을 강행 처리하였다는 것에 화가 나서 공중전화를 이용하여 경찰서에 여러 차례 전화를 걸어 전화를 받은 각 경찰관에게 경찰서 관할구역 내에 있는 B정당의 당사를 폭파하겠다는 말을 하였다. 이에 대해 A는 "나는 B정당에 위협을 한 것이지 경찰관에게 해를 끼치겠다고 하지 않았다."라고 말하고 있다. A는 '협박죄'에 해당할 것인가?

A1 해악의 고지는 피해자 본인이 아니라 제3자에 대한 것이더라도 피해자 본인과 제3자가 밀접한 관계에 있어서 그 해악의 내용이 피해자 본인에게 공포심을 일으킬만한 것이라면 협박죄가 성립한다. 그러나 A의 B정당에 대한 해악의 고지가 각 경찰관 개인에게 공포심을 일으킬 만큼 B정당과 각 경찰관 개인이 밀접한 관계에 있었던 것이 아니다. 결국 A는 협박죄가 아니라 무죄에 해당한다. 참고로 협박죄는 3년 이하의 징역, 500만원 이하의 벌금, 구류 또는 과료에 처한다. ※ 다만 A는 공무집행방해죄에 해당할 여지는 있다.

Q2 A는 자신의 동거남과 성관계를 가졌던 피해자와 언성을 높이면서 말다툼을 하다가 "사람을 사서 쥐도 새도 모르게 파

묻어버리겠다. 너까지 것 쉽게 죽일 수 있다."라고 하였다. 이에 대해 A는 "그냥 흥분해서 한 말일 뿐이다."라고 말하고 있다.

A는 '협박죄'에 해당할 것인가?

A2 협박죄의 경우도 고의가 필요하다. 그러나 이는 해악의 고지임을 알면서도 하는 것을 의미하고 고지한 해악을 실제로 실현할 의도나 욕구까지 필요한 것은 아니다. 다만 행위자의 언동이 단순한 감정적인 욕설 내지 일시적 분노의 표시에 불과하여 주위사정에 비추어 가해의 의사가 없음이 객관적으로 명백한 때에는 협박행위 내지 협박의 의사를 인정할 수 없나. 따라서 A의 말은 언성을 높이면서 말다툼으로 흥분한 나머지 단순히 감정적인 욕설 내지 일시적 분노의 표시를 한 것에 불과하고 해악을 고지한다는 인식을 갖고 한 것이라고 보기 어렵기 때문에 협박에 이르지 않았거나 협박의 고의가 없는 경우이다. 결국 A는 협박죄가 아니라 무죄에 해당한다. 참고로 협박죄는 3년 이하의 징역, 500만원 이하의 벌금, 구류 또는 과료에 처한다.

Q3 A는 자신의 집 앞에서 B와 사소한 문제로 시비하다가 B가 자기 집으로 돌아가자 B를 따라서 그 집 마당까지 가서 소지 중이던 가위를 B의 목에 겨누면서 찌를 것처럼 하였다. 이에 대해 A는 "죽이겠다거나 하는 등으로 위협적인 말을

한 적이 없다."라고 말하고 있다.

A는 '특수협박죄'에 해당할 것인가?

A3 협박죄에 있어서 해악의 고지는 보통 언어에 의하지만 그 방법에는 제한이 없으므로 경우에 따라서는 한마디 말도 없이 행동으로도 가능하다. 따라서 A가 위험한 물건인 가위를 겨눈 것도 신체에 위해를 가할 것을 고지한 것으로 볼 수 있다. 결국 A는 무죄가 아니라 특수협박죄에 해당한다. 참고로 특수협박죄는 7년 이하의 징역 또는 1천만원 이하의 벌금에 처한다. ※ 해당 참조 판례 사건 당시 적용되던 폭력행위 등 처벌에 관한 법률상 관련 규정은 삭제되었다.

Q4 A는 B의 처에게 서류를 보이면서 "내 요구를 들어주지 않으면 서류를 세무서로 보내 세무조사를 받게 하여 B를 망하게 하겠다."라고 말하여 B의 처로 하여금 B에게 이 사실을 전하게 하고, 그다음 날 B의 처에게 전화를 하여 "며칠 있으면 국세청에서 조사가 나올 것이니 그렇게 아시오."라고 말하였다. 이에 대해 A는 "나는 B에게 직접 협박한 적이 없다. 또 세무조사는 내가 하는 것도, 내가 좌우할 수 있는 것도 아니다."라고 말하고 있다.

A는 '협박죄'에 해당할 것인가?

A4 협박죄에서 해악의 고지는 행위자가 직접 고지하지 않고 제3자를 통해서 간접적으로 고지하는 방식으로도 할 수 있다. 또한 행위자가 직접 해악을 가하겠다고 고지하는 것은 물론 제3자로 하여금 해악을 가하도록 하겠다는 방식으로도 가능한데 다만 이때는 행위자가 제3자에게 그러한 행동을 하도록 시킬 수 있는 지위에 있다고 상대방이 믿는 경우여야 한다. 따라서 A가 B에게 직접 협박한 것이 아니라 제3자인 처를 통해 간접적으로 전달되도록 한 경우이고, 제3자인 국세청이 해악을 가하도록 하겠다고 하였지만 A가 여기에 영향을 미칠 수 있는 지위에 있는 것으로 믿게 하였으므로 이는 B에 대한 협박에 해당된다. 결국 A는 무죄가 아니라 협박죄에 해당한다. 참고로 협박죄는 3년 이하의 징역, 500만원 이하의 벌금, 구류 또는 과료에 처한다.

Q5 B는 C를 대리하여 C 소유의 여관을 A에게 매도하고 A로부터 계약금과 잔금 중 일부를 받았는데 그 후 C가 많은 부채로 도피해 버리고 C의 채권자들이 돈을 갚으라고 요구하면서 여관을 점거하여 A에게 여관을 인도하기가 어렵게 되자 A는 B에게 "여관을 인도해 주던가 인도소송비용을 내놓지 않으면 고소하여 구속시키겠다."라고 말하였다. 이에 대해 A는 "다소 위협적으로 들릴 수는 있어도 정당한 권리행사를 한 것뿐이다."라고 주장하고 있다.

A는 '공갈죄'에 해당할 것인가?

A5 다소 위협적인 말을 하였다고 하여도 권리남용이 아닌 사회통념상 용인될 정도의 것이면 협박이 아니므로 A의 요구는 정당한 권리행사로 협박이 아니다. 결국 A는 공갈죄가 아니라 무죄에 해당한다. 참고로 공갈죄는 10년 이하의 징역 또는 2천만원 이하의 벌금에 처한다.

너머 Law

'협박죄'는 개인의 의사결정의 자유를 보호하기 위한 범죄로, 협박은 일반적으로 사람으로 하여금 공포심을 일으키게 하기에 충분한 것이면 되고 현실적으로 상대방이 공포심을 느낄 필요는 없다. 따라서 상대방이 그 의미를 인식한 이상 상대방이 현실적으로 공포심을 느꼈는지와 관계없이 협박죄가 성립하고, 협박미수는 해악 고지가 상대방에게 도달되지 않거나 도달하였으나 상대방이 지각하지 못하였거나 고지된 해악의 의미를 인식하지 못한 경우 등에 성립될 뿐이다.

해악의 내용에는 제한이 없어 피해자 본인이 아니라 제3자에게 해를 끼친다는 내용이더라도 피해자 본인과 제3자가 밀접한 관계가 있어 이로써 피해자 본인에게 공포심을 일으킬 만한 정도의 것이라면 협박죄가 될 수 있다. 해악의 내용이 합리적이거나 실현가능성이 있을 필요도 없고 불법하거나 범죄가 될 것도 요하지 않는다. 그러나 적어도 발생 가능한 것으로 생각될 수 있는 정도의 구체적인 해악의 고지는 있어야 한다. 제3자 등으로 하여금 해악을 가하도록 하겠다는 방식으로도 해악의 고지는 가능하다. 한편 해악고지의 방법에도 제한이 없으므로 말 이외에 글이나 행동으로도 가능하고 행위자가 직접 하는 이외에 제3자를 통해서 간접적으로 할 수도 있다. 권리행사나 직무집행의 일환으로 상대방에게 일정한 해악을 고지한 경우, 그 해악의 고지가 정당한 권리행사나 직무집행으로서 사회상규에 위반되지 않는 때에는 협박죄가 성립하지 않으나, 외관상 권리행사나 직무집행으로 보이더라도 실질적으로 권리나 직무권한의 남용이 되어 사회상규에 위반되는 때에는 협박죄가 성립한다.

필자의 Comment

우리는 누구나 살아가면서 상대에게 위협적인 얘기를 한다. 스스로는 경고라고 생각할 수도 충고나 훈계라고 생각할 수도 있지만 일반적으로 공포심을 느끼게 하는 정도라면 실제로는 이는 '협박'으로 불러야 한다. 물론 협박행위나 협박의 고의는 행위의 외형뿐 아니라 그러한 행위에 이르게 된 경위, 피해자와의 관계 등 전후 상황을 종합하여 판단하므로 실제로 '협박죄'가 성립되어 처벌로까지 이어지는 경우는 상대적으로 많지는 않을 것이지만 조심은 하자.

참조 판례

대법원 2012. 8. 17. 선고 2011도10451 판결
대법원 2006. 8. 25. 선고 2006도546 판결
대법원 1975. 10. 7. 선고 74도2727 판결
대법원 2007. 6. 1. 선고 2006도1125 판결
대법원 1984. 6. 26. 선고 84도648 판결

자기 물건을 담보로 제공한 후 속여서 다시 찾아온 경우 죄가 될까?

'권리행사방해죄'는 생소할 수 있지만 있을 법한 범죄라는 생각이 들 것이다. 이러한 권리행사방해죄는 죄명만 보면 마치 협박죄나 강요죄처럼 자유와 관련된 범죄로 생각될 수 있지만 실제로는 엄연히 재산범죄에 속하는 범죄이다. 권리행사방해죄는 타인의 점유 또는 권리의 목적이 된 자기의 물건 또는 전자기록 등 특수매체기록을 취거(가지고 감), 은닉 또는 손괴하여 타인의 권리행사를 방해함으로써 성립한다. 여기서 주목할 점은 절도죄나 사기죄처럼 다른 재산범죄가 타인소유물을 대상으로 하는 것에 반해 권리행사방해죄는 자기소유물을 대상으로 한다는 점이다. 그러면 소유자의 범죄라는 점에서 생소할 수 있는 권리행사방해죄를 자세히 들여다보자.

사건의 Zip

Q1 A는 건물을 매수하면서 자신의 처인 C에게 등기명의를 신탁해 놓았는데, 이 건물 103호에서 점포를 운영하는 임차인 B와 다툼이 생기자 화가 나 점포에 자물쇠를 채워 B를 출입하지 못하게 하였다. 이에 대해 A는 "명의대로 판단해야 한다. 따라서 건물은 처인 C의 소유이다. 그런데도 내가 실소유자이니 처벌한다고?"라고 말하고 있다.

A는 '권리행사방해죄'에 해당할 것인가?

A1 명의신탁에 있어서 대외적으로는 명의자인 수탁자가 소유자이다. 따라서 명의신탁이 무효로 되는 경우에는 말할 것도 없고 유효한 명의신탁이 되는 경우에도 제3자로서 임차인인 B에 대한 관계에서는 A는 소유자가 될 수 없으므로, 해당 건물이 권리행사방해죄에서 말하는 '자기의 물건'이라 할 수 없다. 결국 A는 권리행사방해죄가 아니라 무죄에 해당한다. 참고로 권리행사방해죄는 5년 이하의 징역 또는 700만원 이하의 벌금에 처한다. ※ 다만 A는 업무방해죄에 해당할 여지는 있다.

Q2 A는 B에게 건물을 임대하였는데 계약이 만료된 이후에도 B는 나가지 않고 그 건물에 살고 있었다. A는 B로부터 그

건물을 인도받기 이전에 B가 살고 있는 방의 천장 및 마루 바닥 판자 4매를 뜯어내었다. 이에 대해 A는 "B의 불법점유를 권리행사라고 할 수는 없다. 따라서 권리행사를 방해한 게 아니다."라고 주장하고 있다.

A는 '권리행사방해죄'에 해당할 것인가?

A2 B가 일단 적법한 계약에 의하여 건물을 점유한 이상 그 후 계약 만료로 점유물인 건물을 소유자인 A에게 인도하여야 하게 되었다 할지라도 점유자인 B 마음대로 인도를 하지 않고 계속하고 있는 점유 역시 보호할 가치 있는 점유이다. 따라서 점유자 B는 권리행사방해죄에 있어서의 타인의 물건을 점유하고 있는 자이다. 결국 A는 무죄가 아니라 권리행사방해죄에 해당한다. 참고로 권리행사방해죄는 5년 이하의 징역 또는 700만원 이하의 벌금에 처한다.

Q3 채권자 B는 채무자 A로부터 채무 담보로 제공받은 A 소유의 대량의 음료수 박스들을 C에게 보관시키고 있었는데, A는 음료수 박스들을 다시 가져오려고, "음료수 박스들은 D로부터 받은 것이고 이를 D에게 반환한다."는 내용으로 된 반환서를 D에게 작성해 주었다. D는 C에게 이 반환서를 제시하면서 음료수 박스들은 A에게 속아서 준 장물이므로 이를 넘겨 달라고 요구하여 이를 믿은 C로부터 이를 받아 갔다. 이에 대해 A는 "C가 준 걸 D가 받아온 것뿐이다."라고

말하고 있다.

A는 '권리행사방해죄'에 해당할 것인가?

A3 권리행사방해죄에서 '취거'는 점유자의 의사에 반하여(반대 의사에도) 점유를 옮기는 것을 말하므로 점유자의 의사나 하자(흠) 있는 의사에 의하여 점유가 이전된 경우는 취거가 아니다. 따라서 담보물인 음료수 박스들은 D가 C를 속여서 그 하자(흠) 있는 의사에 의하여 가져온 것으로 이는 취거가 아니어서 권리행사방해죄가 성립하지 않으므로 A와 D의 관계가 어떠하든 A에게도 권리행사방해죄가 성립하지 않는다. 결국 A는 권리행사방해죄가 아니라 무죄에 해당한다.

※ 자기소유물이므로 사기죄도 성립하지 않는다.

Q4 A는 차량을 구입하면서 B로부터 차량 매수대금을 빌리고 담보로 차량에 B 명의의 저당권을 설정해 주었는데, 그 후 대부업자 C로부터 돈을 빌리면서 차량을 C에게 담보로 제공하여 이른바 '대포차'로 유통되게 하였다. 이에 대해 A는 "차량을 어디 숨긴 것이 아니므로 은닉한 것이 아니다."라고 주장하고 있다.

A는 '권리행사방해죄'에 해당할 것인가?

A4 권리행사방해죄에서 '은닉'이란 물건의 소재를 발견하기 불가능하게 하거나 또는 현저히 곤란한 상태에 두는 것을 말

한다. 따라서 A가 B의 저당권이 있는 A의 차량을 '대포차'로 유통되게 한 것은 이를 은닉하여 권리행사를 방해한 것이다. 결국 A는 무죄가 아니라 권리행사방해죄에 해당한다.

Q5 A는 B의 담보로 되어 있는 자기의 소유토지를 C에게 매도하여 그 소유권이전등기를 하여 주었다. 이에 대해 A는 "내가 한 행동은 B의 권리행사를 방해하는 행동이 아니므로 내가 한 행동을 처벌하도록 규정되어 있지 않다."라고 주장하고 있다.

A는 '권리행사방해죄'에 해당할 것인가?

A5 A의 행동은 취거(가지고 감)·은닉 또는 손괴의 어느 것에도 해당될 수 없어 권리행사방해죄가 되지 않는다. 결국 A는 권리행사방해죄가 아니라 무죄에 해당한다.

너머 Law

'권리행사방해죄'는 내 물건인데 타인이 쓰도록 한 경우, 예를 들어 소유자인 임대인이 임대해 준 집의 잠금장치를 변경하여 임차인이 그 집을 사용할 수 없어 임차권이라는 권리행사가 방해된 경우 등에 성립하는 범죄로, 자기 물건에 대한 절도죄(취거의 경우)나 자기 물건에 대한 재물손괴죄(은닉·손괴의 경우)의 모습을 띤 범죄이다. 따라서 '자기의' 물건에 해당되어야 하기 때문에 이 죄는 기본적으로 소유자가 저지르는 범죄이다.

'타인의 점유 또는 권리의 목적'이 된 자기의 물건이어야 한다. 이 점유는 법률·계약 등으로 사실상의 지배를 하고 있는 것을 의미하는데, 절도범인의 점유처럼 적법한 점유가 아닌 경우는 여기에 해당하지 않지만, 임대계약 만료 이후의 점유 등의 경우처럼 법정절차를 통한 분쟁 해결시까지 잠정적으로 보호할 가치 있는 점유는 포함된다.

한편 '권리의 목적'이란 결국 타인이 그 물건을 이용·사용하거나 타인의 담보로 되어 있는 경우를 말한다. 즉 타인이 그 물건에 주장할 수 있는 어떠한 권리가 있는 경우이다.

이러한 물건을 '취거'·'은닉'·'손괴'하여 타인의 권리행사를 방해하면 이 죄가 성립한다. 취거는 절도죄의 절취에 상응하는 것이다. 이러한 행위로 타인의 '권리행사를 방해'해야 하는데, 여기서 '방해'는 '방해의 우려'를 의미하므로 이에 이르면 이 죄가 성립하고 현실로 방해되었을 것까지 필요로 하는 것은 아니다.

필자의 Comment

권리행사방해죄는 사실 우리 주변에서 쉽게 발견할 수 있는 범죄이다. 건설현장에 '유치권 행사중'이라는 현수막에 권리행사방해죄를 설명하는 문구가 있는 경우가 있다. 만약 이러한 건물에 그 소유자가 용접된 출입문을 뜯고 들어가 산 경우 권리행사방해죄가 성립할 수 있다. 이외에 렌터카, 임대차, 경매의 경우에도 이 죄가 성립될 수 있다. 따라서 범죄임을 잘 몰라서 참거나 반대로 소유자라고 함부로 소유권을 행사하는 경우 어느 쪽이든 아는 것이 힘이다.

참조 판례

대법원 2005. 9. 9. 선고 2005도626 판결
대법원 1977. 9. 13. 선고 77도1672 판결
대법원 1988. 2. 23. 선고 87도1952 판결
대법원 2016. 11. 10. 선고 2016도13734 판결
대법원 1972. 6. 27. 선고 71도1072 판결

유일한 통행로를 소유자가 막은 경우에도 죄가 될까?

'일반교통방해죄'는 육로, 수로 또는 교량을 손괴 또는 불통하게 하거나 기타 방법으로 교통을 방해함으로써 성립하는 범죄이다. 즉 일반교통방해죄는 우리가 생각하는 일반적인 교통방해, 예를 들어 단순한 신호위반, 불법주차 등에 적용되는 범죄는 아니다. 이러한 경우에 대해서는 주로 도로교통법이 적용된다. 일반교통방해죄는 통행로를 완전히 부수거나 길을 막는 등으로 교통을 불가능하게 하거나 현저히 곤란하게 할 때 성립될 수 있다. 그런데 이러한 교통은 경우에 따라서 소유권이나 집회의 권리 등과 갈등 상황에 놓일 수 있다. 또 일반 공중이 왕래하는 길이 여기서 말하는 교통로이므로 일반교통방해죄가 적용되지 않는 길도 있다. 그러면 일반교통방해죄를 제대로 알아보자.

사건의 Zip

Q1 A는 주민들이 큰길로 통하는 유일한 통행로로 오랫동안 이용하고 있는 폭 2m의 골목길을 자신의 소유라는 이유로 폭 50~75cm 가량만 남겨두고 담장을 설치하여 인근 주민들이 통행하기 어렵게 하였다. 이에 대해 A는 "길을 완전히 막은 게 아니고 좀 불편한 정도는 주민들도 양보해야 한다. 그동안 공짜로 이용한 것만도 고마워해야 한다."라고 말하고 있다.

A는 '일반교통방해죄'에 해당할 것인가?

A1 일반교통방해죄에서 '육로'는 사실상 일반공중의 왕래에 공용되는 육상의 통로를 말하는 것으로 그 부지의 소유관계나 통행권리관계 또는 통행인의 많고 적음 등은 가리지 않는 것이다. 따라서 이 사건의 골목길은 육로이고 폭을 50~75cm로 만든 것은 통행을 현저히 곤란하게 한 것이다. 또한 이미 오랫동안 통행로로 이용되어 온 골목길이라는 점에서 주민들이 그 통행에 감사해야 하는 것이라기보다는 A가 골목길이 통행로로 이용되어 온 것을 받아들인 것으로 보아야 하고 따라서 A는 통행로로 이용되는 현재 상태 그대로를 존중해야 할 필요가 있다고 보아야 한다. 결국 A는 무죄가 아니라 일반교통방해죄에 해당한다. 참고로 일반교

통방해죄는 10년 이하의 징역 또는 1천500만원 이하의 벌금에 처한다.

Q2 A는 자신의 소유인 토지에 철조망과 담장을 설치하여 그 부근 주민들이 통행을 못하게 하였다. 그런데 그 토지 일대는 농작물을 경작하던 농토였는데 그 토지를 통하여 부근 일대의 큰 도로로 통행하려 하는 주민들이 늘어나자 A는 이를 막고 농작물을 재배하려고 그동안 여러 번 철조망 등을 설치하였고 그때마다 주민들이 이를 부수고 통행을 하여 왔었다. 이에 대해 A는 "그 땅은 원래 농토였고 나도 계속 농작물 경작지로 이용하려고 한 걸 주민들이 자기들 멋대로 통행한 것뿐이다."라고 말하고 있다.
A는 '일반교통방해죄'에 해당할 것인가?

A2 일반교통방해죄에서 '육로'는 일반공중의 왕래에 공용된 장소, 즉 특정인에 한하지 않고 불특정 다수인 또는 자동차 등이 자유롭게 통행할 수 있는 공공성을 지닌 장소를 말한다. 따라서 A는 농작물경작지로 이용하려고 하였고, 부근 주민들은 큰 도로로 나아가는 간편한 통로로 이용하려고 하여 분쟁이 계속된 이 사건 토지는 주민들이 자유롭게 통행할 수 있는 공공성이 있는 장소가 아니므로 육로가 아니다. 결국 A는 일반교통방해죄가 아니라 무죄에 해당한다. 참고로 일반교통방해죄는 10년 이하의 징역 또는 1천500

만원 이하의 벌금에 처한다.

Q3 A의 집 앞 도로가 폐기물 운반 차량의 통행로로 이용되어 집 일부에 균열이 발생하자 A가 ① 그 도로에 트랙터를 세워두거나 철책 펜스를 설치함으로써 그 차량들의 통행을 불가능하게 하거나, ② 그 차량들의 앞을 가로막고 앉아서 통행을 일시적으로 방해하였다. 이에 대해 A는 "내 집에 균열이 계속 발생하고 집에서 마음 편히 있지도 못하는데도 계속 참기만 해야 하나? 내가 그 정도도 못하나?"라고 말하고 있다.

A의 ①, ②의 각 행위는 '일반교통방해죄'에 해당할 것인가?

A3 일반교통방해죄에서 '교통방해'는 통행을 불가능하게 하거나 현저하게 곤란하게 하는 것이다. 따라서 ① 행위는 종전에는 통행이 가능하던 차량의 통행을 불가능하게 한 행위이므로 이 죄에 해당하지만, ② 행위는 일시적인 교통방해로 통행을 불가능하게 하거나 현저하게 곤란하게 하는 행동으로 볼 수 없어 이 죄에 해당하지 않는다. 결국 A는 무죄가 아니라 ① 행위에 대한 일반교통방해죄에 해당한다.

Q4 노동조합 상급단체의 대표인 A는 도로행진시위를 계획하고 사전에 법에 따른 옥외집회신고를 마치고 시위에 참여하였다. 그런데 A 등 행진시위의 참가자들이 일부 구간에서

신고의 범위와 법에 따른 제한을 일탈하여 주요도로 전차선 점거행진, 도로점거 연좌시위 등을 함으로써 교통소통에 현저한 장해를 일으켰다. 이에 대해 A는 "헌법이 시위의 자유를 보장한다. 우리는 신고도 마쳤다. 시위 과정에서 교통이 어느 정도 제한되는 게 당연하고 신고 내용과 다소 다르게 시위를 했다고 죄가 된다는 것은 지나치다."라고 주장하고 있다.

A는 '일반교통방해죄'에 해당할 것인가?

A4 시위가 있는 경우 도로의 교통이 어느 정도 제한될 수밖에 없으므로 그 시위가 신고된 범위 내에서 행해졌거나 신고된 내용과 다소 다르게 행해졌어도 신고된 범위를 현저히 일탈하지 않는 경우에는 그로 인하여 도로의 교통이 방해를 받았다고 하더라도 일반교통방해죄가 성립한다고 볼 수 없다. 그러나 A의 경우와 같이 그 시위가 당초 신고된 범위를 현저히 일탈하거나 법에 의한 조건을 중대하게 위반하여 도로 교통을 방해함으로써 통행을 불가능하게 하거나 현저하게 곤란하게 하는 경우에는 일반교통방해죄가 성립한다. 결국 A는 무죄가 아니라 일반교통방해죄에 해당한다.

Q5 A 등 약 600여 명의 노동조합원들이 차도만 설치되어 있을 뿐 보도는 따로 마련되어 있지 않은 도로 우측의 편도 2차선 대부분을 차지하면서 대오를 이루어 행진하는 방법으

로 시위를 하고 이로 인하여 나머지 편도 2차선으로 상·하행 차량이 통행하느라 차량의 소통이 방해되었다. 이에 대해 A는 "우리는 당시 상황에서 최대한으로 질서를 지켰다."라고 말하고 있다.

A는 '일반교통방해죄'에 해당할 것인가?

A5 헌법상 시위의 자유가 보장되므로 이는 일반인의 교통권이나 원활한 교통소통이라는 공공의 이익을 침해하지 않는 선에서는 최대한 보장하여야 한다. 따라서 A 등은 대오를 이루어 행진했고 나머지 편도 2차선으로 차량이 통행할 수 있도록 하였으므로 이로 인해 발생한 일부 불편 정도는 시위의 자유로 허용되어야 한다. 결국 A는 일반교통방해죄가 아니라 무죄에 해당한다.

너머 Law

'일반교통방해죄'는 당연히 '교통이 방해'될 수 있는 상황이 전제되어야 하고, 따라서 이 죄에서의 '육로·수로·교량'은 모든 길을 말하는 것이 아니라 공중의 왕래에 사용되는 것을 의미한다. 반드시 도로법 등의 적용을 받는 도로 등임을 요하지 않고 사실상 공중이나 차량이 자유롭게 통행할 수 있는 공공성을 지닌 것이면 된다. 결국 이는 다른 통행로가 있는가, 있다면 그 통행로가 기존 통행로를 대체할 수 있는가, 일시적인 사용인가 등을 모두 따져 공중의 통행을 우선할 것인가 소유권 등을 보호할 것인가의 문제이다.

이 죄는 이러한 육로 등을 '손괴·불통·기타 방법'으로 교통을 방해하는 것이다. '기타 방법'이라고 하므로 교통방해가 초래될 수 있다면 어떠한 방법으로도 가능하다. '교통방해'는 교통을 불가능하게 하거나 현저히 곤란하게 하는 것이다. 따라서 사람이 일시적으로 도로를 가로막은 경우나 일시적인 불법주차는 이 죄에 해당하지 않는다. 이러한 상태가 발생하면 이 죄가 성립하며 현실적 방해결과까지는 필요 없다. 한편 도로에서의 집회·시위는 일반인의 교통권이나 원활한 교통소통이라는 공공의 이익과 상충될 우려가 있으므로 이러한 경우 집회·시위의 권리를 최대한 보장함과 동시에 일반인의 교통권 등 공공의 안녕질서가 침해되지 않도록 집회 및 시위에 관한 법률이나 기타 여러 사정들을 고려하여 이 죄를 조화롭게 해석하여야 한다. 따라서 신고된 내용과 다소 다르게 행해졌어도 신고된 범위를 현저히 일탈하지 않는 경우에는 이 죄가 성립하지 않지만 신고된 범위를 현저히 일탈하거나 법에 따른 조건을 중대하게 위반하여 교통을 불가능하게 하거나 현저하게 곤란하게 하는 경우에는 이 죄가 성립한다.

필자의 Comment

우리는 주차장 입구에 차량을 주차해 놓았다거나 자기 땅이라고 기존 통행로를 막아버렸다거나 하는 소식을 접한다. 그런데 전자의 경우 어떤 범죄인지까지는 모르더라도 분명 처벌될 수 있다는 점을 알게 마련이지만 후자의 경우도 범죄가 될 수 있다는 점은 잘 몰라 "내 땅에 뭘 하건 무슨 상관이냐!"하는 태도를 보이는 경우도 있다. 모두 일반교통방해죄에 해당하고 경우에 따라서 업무방해죄에도 해당될 수 있으니 잘 알아두자.

참조 판례

대법원 1994. 11. 4. 선고 94도2112 판결
대법원 1988. 5. 10. 선고 88도262 판결
대법원 2009. 1. 30. 선고 2008도10560 판결
대법원 2008. 11. 13. 선고 2006도755 판결
대법원 1992. 8. 18. 선고 91도2771 판결

계약이 끝난 세입자 방에 허락 없이 집주인이 들어간 경우도 주거침입일까?

'주거침입죄'는 '주거의 사실상 평온'을 보호하는 범죄다. 그렇기 때문에 주거의 사실상 평온이 주거침입죄 성립의 판단에 가장 중요한 기준이 된다. 최근 주거침입죄 관련 판례의 입장이 바뀌었는데 이는 간통죄 폐지나 셰어 하우스 등 다양한 주거 형태가 등장하는 등 시대의 흐름이 반영된 결과로 보인다. 그렇다면 주거침입죄를 논할 때 이러한 주거의 사실상 평온은 어떠한 경우에 침해되었다고 평가할 수 있는지가 핵심이 되는데, 이를 중심으로 주거침입죄를 구체적 사건들을 통해 자세히 해부해보자.

사건의 Zip

Q1 임차한 건물에서 영업을 하던 임차인 A는 그 소유자 B와 임대차 종료와 인도관계로 분쟁이 생겨 B가 마음대로 출입문을 판자로 폐쇄하자 자력으로 이를 뜯고 들어가 다시 영업을 하였다. 그런데 임대차의 해지로 A의 점유는 사법상 불법점유였고, A는 문을 폐쇄한지 1년이 지난 시점에 판자를 뜯고 들어간 것이었다. 이에 대해 A는 "문을 폐쇄했다고 B의 점유가 된 것도 아니고, 그간 민사소송을 제기·진행했으니 내가 점유를 포기한 것으로 봐서도 안 된다."라고 주장하고 있다.

A는 '건조물침입죄'에 해당할 것인가?

A1 A는 일단 적법하게 임차하여 점유하였으므로 이후 불법점유가 되었다 할지라도 적법한 절차에 따라 A의 점유를 풀지 않는 한 A의 점유이고 B가 마음대로 문을 폐쇄한다고 해서 B의 점유가 되는 것이 아니다. 또한 민사소송을 제기·진행한 점을 보아 1년이 지난 시점이었더라도 그 점유를 포기한 것으로도 볼 수 없다. 결국 A는 건조물침입죄가 아니라 무죄에 해당한다. 참고로 건조물침입죄는 3년 이하의 징역 또는 500만원 이하의 벌금에 처한다. ※ 따라서 반대로 임차인이 임대인과 임대차계약을 체결하고 적법하게 주거에 대한 점유를 개시

하여 거주하고 있다가 임대차기간이 종료되어 임차권을 상실하더라도 임대인이 주거에 침입한 경우에는 주거침입죄가 성립한다.

Q2 A는 ① 야간에 17세 여성 B를 추행하기로 마음먹고 B를 뒤따라가 아파트 1층 현관으로 들어간 뒤 그곳에서 엘리베이터를 기다리던 B를 추행하였고, ② 야간에 일반인의 출입이 허용되는 상가 1층에 16세 여성 C를 뒤따라 들어가 엘리베이터를 기다리던 C를 추행하였다. 한편 두 경우 모두 CCTV가 설치되어 있었다. 이에 대해 A는 "열려져 있는 출입문을 통해서 들어갔는데 침입이라고?"라고 말하고 있다.
A의 ①, ②의 각 행위는 '성폭력처벌법위반(주거침입강제추행)죄'에 해당할 것인가?

A2 ①, ② 행위 모두 강제추행에 해당함은 명백하다. 따라서 주거침입에 해당하는지만 문제된다.
①의 경우 아파트의 엘리베이터 앞 부분은 거주자가 아닌 외부인의 자유로운 출입이 허용되는 공간이 아니고 거주자들의 사실상 평온을 보호할 필요성이 있는 장소이며, CCTV는 외부인의 출입을 통제·감시하기 위한 것이다. A에게 거주자들이나 관리자들 모르게 들어간다는 의도가 있었다고 보아야 하고 A의 출입에 대해 피해자를 포함한 거주자나 관리자의 추정적 승낙이 있었을 것으로 보이지도 않는다. 따라서 A는 이들의 사실상 평온상태를 해치는 행위

형태로 침입한 것이다.

②의 경우 A가 범죄 목적으로 들어간 것이지만 일반인의 출입이 허용되는 상가의 열려져 있는 출입문을 통하여 일반적인 출입방법으로 들어갔으므로 그 행위형태에 비추어 관리자의 사실상 평온상태가 침해되었다고 볼 수 없고, CCTV 역시 이 사건 상가 건물의 용도와 성질 등에 비추어 상가 건물의 일반적인 관리를 위한 것으로 보이고 외부인의 출입을 통제·감시하기 위한 것이라고 단정하기는 어려우므로 침입이 아니다. 결국 A는 ①에 대해서는 성폭력처벌법위반(주거침입강제추행)죄에 해당하지만 ②에 대해서는 성폭력처벌법위반(주거침입강제추행)죄가 아니라 강제추행죄에 해당한다.

참고로 성폭력처벌법위반(주거침입강제추행)죄는 무기징역 또는 7년 이상의 징역에 처하고, 강제추행죄는 10년 이하의 징역 또는 1천500만원 이하의 벌금에 처한다.

Q3 A는 다른 사람들과 병원에 인접한 주변 토지에 시위를 하기 위해 들어갔다. 그런데 그 시위 장소와 병원 외부 사이에 문이나 담은 없었으나 그 시위 장소는 화단 등이 둘러싸고 있었고 병원의 통행로로 이용되고 있었다. 한편 그 시위 장소는 일반적으로 개방된 곳으로 평소에는 일반인의 출입을 제한하고 있지 않았으나 사건 당시에는 출입이 제한된 상태였고 A 등의 시위는 집회 및 시위에 관한 법률에 위반되

는 것이었다. 이에 대해 A는 "병원에 들어간 것은 아니다." 라고 말하고 있다.

A는 '건조물침입죄'에 해당할 것인가?

A3 건조물침입죄에서 '건조물'은 단순히 건조물 그 자체만을 말하는 것이 아니고 '위요지(주변 토지)'를 포함하고, 위요지가 되기 위하여는 건조물에 인접한 그 주변 토지로서 관리자가 외부와의 경계에 문과 담 등을 설치하여 그 토지가 건조물의 이용을 위하여 제공되었다는 것이 명확히 드러나야 할 것인데, 화단을 설치하거나 나무를 심는 등으로 담장의 설치를 대체하는 경우에도 건조물에 인접한 그 주변 토지가 건물, 화단, 나무 등으로 둘러싸여 건조물의 이용에 제공되었다는 것이 명확히 드러난다면 위요지가 될 수 있다. 한편 일반적으로 개방된 장소라도 관리자가 필요에 따라 그 출입을 제한할 수 있고, 시위 자체가 위법한 것이었으므로 이와 관련되어 침입행위가 위법하지 않게 되는 것도 아니다. 결국 A는 무죄가 아니라 건조물침입죄에 해당한다.

※ 집회 및 시위에 관한 법률 위반에 대해서는 논외로 한다.

Q4 방송국 기자 A는 구치소에 수용 중인 사람을 취재하고자 구치소장의 허가 없이 접견내용을 촬영·녹음할 목적을 숨기고 명함지갑 모양의 녹음·녹화장비를 몰래 소지하고 교도관의 승낙을 받아 일반적인 출입방법으로 구치소 내 민

원실과 접견실에 들어갔다. 이에 대해 A는 "어쨌든 승낙이 있어 아무 문제 없이 들어갔다."라고 말하고 있다.

A는 '건조물침입죄'에 해당할 것인가?

A4 관리자에 의해 출입이 통제되는 건조물에 관리자의 승낙을 받아 일반적인 출입방법으로 들어간 경우이다. 그런데 속아서 또는 착오로 한 승낙이더라도 이는 단순히 승낙하게 된 동기에 착오가 있는 것에 불과하고 이러한 하자(흠)는 승낙이 유효함에 영향을 미치지 않으므로 관리자가 실제 출입 목적을 알았더라면 출입을 승낙하지 않았을 사정이 있더라도 건조물침입죄가 성립하지 않는다. 나아가 현실적인 승낙을 받아 일반적인 출입방법에 따라 건조물에 들어간 경우 그 행위 형태에 비추어 사실상의 평온상태를 해치는 모습으로 건조물에 들어간 것이라고 평가할 수도 없다. 결국 A는 건조물침입죄가 아니라 무죄에 해당한다.

Q5 A는 야간에 여성 B의 집에서 B를 강간하기 위하여 그 집 담벽에 발을 딛고 작은 창문을 열고 안으로 얼굴을 들이밀었다가 B가 소리치는 바람에 달아났다. 이에 대해 A는 "작은 창문이었기 때문에 방 안을 들여다본다는 인식이 있었을 뿐 그 안에 들어간다는 고의는 없었기 때문에 무죄다. 그렇지 않더라도 신체의 일부만 집 안에 들어갔으므로 미수에 불과하다."라고 말하고 있다.

A는 '주거침입죄'에 해당할 것인가?

A5 주거침입죄는 사실상의 주거의 평온을 보호하므로 반드시 신체의 전부가 들어가야만 성립하는 것이 아니라 신체의 일부만 들어갔더라도 거주자가 누리는 사실상의 주거의 평온을 해할 수 있는 정도에 이르렀다면 성립한다. 따라서 반드시 신체의 전부가 들어간다는 인식이 있어야만 하는 것이 아니라 신체의 일부라도 들어간다는 인식이 있으면 고의가 있는 것이다. 또한 신체의 극히 일부분이 들어간 경우 사실상 주거의 평온을 해하는 정도에 이르지 않았다면 주거침입죄의 미수에 그친다. 하지만 A는 야간에 출입문이 아닌 창문을 통하여 일반적이지 않은 방법으로 여성인 B의 집에 들어간 것이므로 신체의 일부인 얼굴만 들어간 경우라 하더라도 사실상 주거의 평온을 해한 경우로 주거침입죄에 해당한다고 보아야 한다. 결국 A는 무죄나 주거침입미수죄가 아니라 주거침입죄에 해당한다.

참고로 주거침입죄는 3년 이하의 징역 또는 500만원 이하의 벌금에 처하는데, 주거침입미수죄의 형은 이보다 감경할 수 있다.

너머 Law

'주거침입죄'는 사람의 주거, 관리하는 건조물, 선박이나 항공기 또는 점유하는 방실에 침입함으로써 성립하는 범죄이다. '주거의 범위'와 관련하여 주거 자체를 위한 건물 이외에 다가구용 단독주택이나 다세대주택·연립주택·아파트와 같은 공동주택 내부의 엘리베이터, 공용 계단, 복도 등 공용 부분도 그 부속물로서 주거에 포함된다. '관리하는 건조물'에서 '관리'란 사람이 사실상 지배·보존하는 것으로서 타인의 침입을 방지할 만한 인적·물적 설비를 갖추는 것을 말하고 따라서 단순히 출입금지 표시만으로는 관리가 아니다. '건조물'은 주거를 제외한 일체의 건물 및 그 '위요지'를 말한다. 위요지란 건조물에 직접 딸려서 붙어있는 주변 토지로서 그 경계가 장벽 등에 의하여 물리적으로 명확하게 구획되어 있는 장소를 말하는데, 대학교 운동장 등이 이에 해당한다.

'침입'의 의미와 관련하여 최근에 판례의 입장이 바뀌었는데, 과거에는 '거주자의 의사'에 반하여(반대 의사에도) 주거 등에 들어간 경우를 주거의 사실상 평온의 침해로 보아 주거침입죄를 인정한 반면, 최근 변경된 판례는 행위자의 출입 당시 객관적·외형적으로 드러난 '행위 태양(형태·모양)'에 비추어 주거의 사실상 평온 상태가 침해된 경우를 침입행위로 보아 주거침입죄를 인정한다. 따라서 일반적 출입이 허용된 장소에 범죄목적으로 출입하거나 거주자가 실제 출입목적을 알았다면 출입을 승낙하지 않았을 것이라는 사정이 인정되더라도 일반적인 출입방법이었다면 침입행위에 해당하지 않는다. 또 남편의 부재중 간통목적으로 처의 승낙을 받아 들어간 경우 주거침입죄가 성립하지 않는다.

한편 신체의 일부만 들어갔다고 하더라도 주거의 사실상 평온을 해하였다면 이는 주거침입죄의 미수(범죄의 미완성)가 아니라 주거침입죄의 기수(범죄의 완성)이다. 따라서 주거침입죄의 고의는 반드시 신체 전부가 들어간다는 인식이 있어야만 하는 것이 아니라 신체의 일부라도 들어간다는 인식이 있으면 된다.

필자의 Comment

최근에 판례의 입장을 변경시킨 판결은 모두 주거침입죄가 성립하지 않는다고 보았다. 이러한 일련의 판례 입장의 변화는 시대의 흐름에 따른 주거 생활의 변화 등을 고려하여 일반인의 관점에서 주거침입죄의 성립과 처벌의 범위를 합리적으로 제한하기 위한 것이라 생각된다. 결국 시대의 흐름에 뒤처지지 않고 잘 따라가려면 이러한 판례의 변화도 눈여겨보아 두고 알아둬야 한다. 또 공용 부분이나 위요지를 침입해도 주거침입죄가 될 수 있음도 기억하자.

참조 판례

대법원 1973. 6. 26. 선고 73도460 판결
대법원 2022. 8. 25. 선고 2022도3801 판결
대법원 2010. 3. 11. 선고 2009도12609 판결
대법원 2022. 3. 31. 선고 2018도15213 판결
대법원 1995. 9. 15. 선고 94도2561 판결

세계적 예술작품도 음란물로 평가된 경우가 있을까?

'음란성'이라는 개념은 '음화반포 등 죄', '음화제조 등 죄', '공연음란죄' 등에서 문제된다.

'음란'이란 '사회통념상 일반 보통인의 성욕을 자극하여 성적 흥분을 유발하고 정상적인 성적 수치심을 해하여 성적 도의관념에 반하는 것'으로 그 판단에 있어 법관은 자신의 정서가 아닌 일반 보통인의 정서를 기준으로 하면 되고 일일이 일반 보통인에게 음란한지를 묻는 절차가 필요한 것은 아니다. 따라서 음란성은 법관의 직관에 의해 판단이 될 것인데 만약 직관에만 맡겨놓으면 판례가 일관적이지 못하여 불공평하게 될 것이므로 결국 비슷한 판례의 경우와 비교하여 음란성 여부를 판단하게 된다. 즉 구체적인 사건에서 음란성은 연역적 접근보다는 귀납적 접근을 통해 판단되어야 한다.

물론 이 경우에도 최소한의 판단기준은 있다. 바로 전체적으로 관찰·평가하여야 하고, 행위자의 주관적 의도 등이 아니라 그 사회의 평균인의 입장에서 판단해야 하며, 그 시대의 건전한 사회통념에 따라 객관적이고 규범적으로 평가하여야 한다. 이때 단순히 저속하다거나 문란한 느낌을 주는 정도를 넘어 사람의 존엄성과 가치를 심각하게 훼손·왜곡하였다고 평가할 수 있을 정도로 노골적인 방법에 의하여 성적 부위 등을 적나라하게 표현 또는 묘사하는 것이면 음란하다고 평가한다. 이러한 기준에 따라 '남성용 자위기구인 모조여성성기'는 음란한 물건에 해당하지만, '정교하지 않고 적나라하게 표현되지 않은 모조여성성기', '여성용 자위기구나 돌출 콘돔', '남성의 성기를 크게 늘리는 데에 쓰이는 해면체비대기'는 음란한 물건이 아니다.

예술이냐 외설이냐의 논란은 르네상스 시대에도 이미 있었다. 우리나라에서는 스페인 화가 고야의 '나신의 마야' 사건, 교수 마광수의 '즐거운 사라' 사건, 소설가 장정일의 '내게 거짓말을 해봐' 사건이 비교적 많이 알려져 있다. 이중 특히 나신의 마야 사건을 살펴보자.

나신의 마야처럼 세계적 예술작품도 음란물로 평가될 수 있는가는 '상대적 음란성'을 인정할 수 있는지의 문제이다. 음란성은 문서의 내용 이외에 작자나 출판자의 의도, 광고·선전·판매의 방법, 독자·관람자의 제한성 등의 부수적 사정을 고려하여 상대적으로 판단해야 한다는 이론을 '상대적 음란성 이론'이라고 하는데, 우리 판례는 나신의 마야 사건에서 이 이론을 인정하고 있다. 즉 "침대 위에 비스듬히 위를 보고 누워있는 천연색 여자 나체화 카드 사진이 비록 명화집에 실려있는 그림이라 하여도 이것을 예술, 문학, 교육 등 공공의 이익을 위해서 이용하는 것이 아니고, 성냥갑 속에 넣어서 판매할 목적으로 그 카드 사진을 복사·제조하거나 시중에 판매한 경우 그 명화를 모독하여 음화화 시켰다 할 것"이라고 하여 음화제조·판매죄가 성립한다고 하였다. 참고로 이 경우 음란성은 객관적으로 판단되는 것이고 고의가 인정되기 위해 음란성까지 알았어야 하는 것은 아니므로 고의 역시 인정되어 범죄가 성립된다고 한 것이다.

인덱스